Fritz Hans Rückel

Aus heiterem Himmel

Humoristisch-satirische Gedichte für Alt und Jung

nach Robert Gernhardt

Von den Zielen die wichtigen
Von den Mitteln die richtigen
Von den Wegen die steinigen
Von den Büchern die meinigen.

Bibliografische Information Der Deutschen Bibliothek
Die Deutsche Bibliothek verzeichnet diese Publikation in Der Deutschen Nationalbibliografie;
detaillierte bibliografische Daten sind im Internet über http://dnb.ddb.de abrufbar.

edition Wort
Blumenstraße 1
66636 Tholey – Hasborn

www.edition-wort.de

verlag@edition-wort.de

edition Wort ist Mitglied des Verlags Karree e.V. Mainz

Satz und Umschlagentwurf by Brita Rückel
Satz und Umschlag by edition Wort

Hergestellt in Deutschland

Gedruckt auf 90g-Qualitätspapier,
säure-, holz- und chlorfrei
und alterungsbeständig nach ISO 9706

Schrift: B695-Roman-Medium

ISBN 978-3-936554-30-4

Fritz Hans Rückel

Aus heiterem Himmel

Humoristisch-satirische Gedichte
für Alt und Jung

Vorwort

Die humoristisch-satirische Verskunst unserer Zeit steht auf der Agenda des Literaturbetriebes leider ziemlich weit hinten. Dessen ungeachtet lässt sich mit dieser Art des literarischen Ausdrucks immer noch ein Liebhaber-Publikum begeistern. Speziell für diese Freunde des gereimten Humors habe ich das Buch „Aus heiterem Himmel“ geschrieben.

Diese Art Versdichtung wendet sich an den spielerischen Geist des Lesers. Sie will ihn ermuntern, den Schwächen der Menschen und den Widersprüchen des Daseins mit einem verständnisvollen Lächeln zu begegnen. Sie lädt ihn überdies ein, auch über sich und die eigene Unvollkommenheit zu lachen. Fanatikern jeglicher Couleur dagegen fehlt diese heitere Distanz zu sich selbst. Die Satire ist nicht zuletzt Ausdruck einer mündigen und freiheitlichen Gesinnung gegenüber Obrigkeiten aller Art.

Dieses Buches bietet humorige Balladen, Spottgedichte und gereimte Kalauer in bunter Folge. Besondere Aufmerksamkeit verdienen die zahlreichen Nonsensgedichte, die mit ihren Wortspielereien und ihrer Reimakrobatik frischen Wind in die gute alte Verskunst bringen. Dabei lassen sie nicht nur den „Sinn im Unsinn“ erkennen sondern produzieren auch überraschende und vergnügliche Pointen.

Das Buch zeichnet sich durch eine Themenvielfalt aus, die aus dem vollen Menschenleben gegriffen ist und auch den Blick über die Grenzen nicht scheut; wobei die heiter-spöttische Note durch die Cartoons aus der Feder von Frank Hoffmann unterstrichen wird. Dagegen bleibt die Politik von grimmigen Humor nicht verschont. Der Titel eignet sich für Alt und Jung als Bettlektüre aber auch zum unterhaltenden Vorlesen im Verein sowie im Freundes- und Familienkreis.

Ich wünsche Ihnen viel Spaß mit den heiteren Versen!

Herzlichst
Ihr

Fritz Hans Rückel

Inhalt Seite

Seite

Seite

Wer spöttisch und nicht sehr dezent
Die Mühlen unsrer Zeit berennt,
den sieht man gerne als Exot,
und schlimmstenfalls als Don Quijot(e).

Kleine Reimkunde

Wenn Stabreime trinken
Brüderschaft
und der Vollreim findet
von Saft zu Kraft,
wenn der Kettenreim
seine Glieder sucht
und der Schüttelreim
über Schwindel flucht,
wenn ein gleitender Reim
vorüber weht
und ein stumpfer Reim
am Abgrund steht,
wenn den Endreim quält
der Hexenschuss
und der Binnenreim
hinkt auf einem Fuß,
wenn als Querdenker
der Kreuzreim blufft
und der Paarreim gar
den Partner knufft,
wenn der Schlagreim
gibt wem auf die Nuss
und der Kehrreim ruft
nach Pegasus,
dann weiß der Kenner,
dass ein Poet
mit einer Kopfgeburt
schwanger geht.
Oh Freud, oh Freud!
Was bringt er ans Licht?
Die Welt wird beglückt!
Noch'n Gedicht!

Feier bei Hofrat Meyer

Da war Familie Hofrat Meyer,
die einlud zu der Jubelfeier,
die dem ergrauten Hausherrn galt.
Der wurde siebzig Jahre alt.
Für fünfzig Gäste an der Zahl
plante man ein spezielles Mahl.

„Es gibt", sprach die Frau Hofrat Meyer,
„zum Fest ein Pilzgericht und Eier.
Es wird mir dabei geh'n zur Hand
Cousine Emma drauß vom Land,
die einem Doktor führt das Haus.
Die kennt sich gut mit Pilzen aus!"

Da knurrte der Herr Hofrat Meyer:
„Es sind mir Pilze nicht geheuer!"
Jedoch die Emma widersprach:
„Kein Einwand, ich versteh mein Fach!
Koch Pilzgerichte, stellt Euch vor,
fast täglich für den Herrn Doktor!"

Es fügte sich Herr Hofrat Meyer.
So kam es zur Familienfeier
mit Tanten, Onkel, Opapa
und wer sonst noch Verwandter war.
Man freute sich an Speis und Trank
und wusst dafür der Köchin Dank!

Misstrauisch gab Herr Hofrat Meyer
zuvor vom Teller Pilz und Eier
in Häppchen, und dies nicht zu knapp,
an Emmas schwarzen Kater ab.
Die mit demselben zwanzig Uhr
nach Haus zu ihrem Doktor fuhr.

Ans Telefon rief in die Feier
dann später man Frau Hofrat Meyer.
Die Emma schluchzt‘ dort: „Welche Not!
Mein schwarzes Katerchen ist tot!“
„Tot?“ sprach die Frau und legte auf.
Es kam ihr schon vom Magen rauf.

„Hab schlechte Nachricht für die Feier!“
verkündete Frau Hofrat Meyer.
Gift war im Pilz, den ich Euch bot!
Ja, Emmas Kater ist schon tot!
Es muss der Giftpilz schleunigst raus.
Drum ab mit Euch ins Krankenhaus!“

Beendet ward die Jubelfeier.
Den Bauch hielt sich Herr Hofrat Meyer.
„Na, denn. Wir haben keine Wahl!“
Und fort ging es zum Hospital,
wo jedem mit geübter Hand
den Mageninhalt man entwand.

Im Bett fluchte Herr Hofrat Meyer
des Pilzgerichtes und der Eier.
Als man ihm gab das Telefon.
Die Emma war‘s. Geschluchz im Ton.
„Kein Pilz bracht Katers Exitus!
Ihn überfuhr ein Omnibus!“

***

Der Maler und seine Methoden

Eine Romanze im Atelier

Ins Atelier kam ein Herr zu mir.
Neben ihm eine schöne Dame.
„In Öl hätt‘ ich gern ein Bild von ihr.
Graf von und zu Horn, ist mein Name,
und zwar für die Ahnengalerie.
Sie sind doch der Kunstmaler Boden
und lehren an der Akademie?
Man rühmt Sie ob Ihrer Methoden.“

Welch Glück, dieses Kind der Kunst zu weih’n.
Ich nannte mich „Liebling der Götter“,
denn sie stand Modell mir ganz allein.
Und die Sitzung ward immer netter.
Ich musste ihr tief ins Auge sehn,
das war schon vom Handwerk geboten.
Sie ließ ein wissendes Lächeln weh’n
und fand wohl nicht schlecht, die Methoden!

Ich kam zu der Haare Lockenpracht.
Ihr fiel ins Gesicht eine Strähne.
Die habe ich weg gestreichelt sacht,
erlauben Sie, dass ich’s erwähne.
Und sie hielt still und lachte dabei,
als ich meinen Charme aufgeboten.
Es schien, sie genoss die Tändelei
und damit auch meine Methoden!

Und Tag um Tag saß sie mir Modell.
Und am Rocksaum störte die Falte.
Ich griff nach ihrem Gewand blitzschnell,
auf dass ich’s gefällig gestalte.

Ich strich und zupfte herum am Kleid
abwärts von der Hüfte zum Boden.
Mich traf ihr Blick voller Zärtlichkeit.
Sie genoss scheint's meine Methoden!

Die Gräfin war im Gesicht zu bleich.
Gut konnt' so das Bild nicht gelingen.
Ein Küsslein vielleicht als nächsten Streich?
Wird sie's in Verlegenheit bringen?
Ich küsste sie auf den Kirschenmund.
Sie sagte nicht: „Das ist verboten".
Rot färbte sich ihrer Wangen Grund
dank meiner speziellen Methoden!

Der Graf sich dann bald das Werk besah,
und er sprach zu ihr: „Hör, Adele,
gewiss stellt dieses Bildnis dich dar,
doch irgendwie fehlt drin sie Seele!"
Sie wurde rot und sagte: „Wart noch".
Um des Herzens Tiefe zu loten,
braucht es eine einzige Sitzung noch.
Der Künstler hat seine Methoden.

Sie tat beim nächsten Treffen kokett.
Ich bat sie zum Diwan im Schatten
und umfing sie zum Liebesduett.
Ich sprach: „Wenn Frau Gräfin gestatten?".

Sie gab sich mit Innigkeit hin,
getroffen vom Pfeil der Eroten.
Sie hatte die Lust, ich den Gewinn!
Gelobt seien meine Methoden!

Danach mit winzigem Pinselstrich
gab ich ihren Augen ein Strahlen,
dass beinah sie einem Engel glich,
so wonnig; doch will ich nicht prahlen.
Des Abends zeigte der Graf sich mild:
„Jetzt gefällt's mir. Hier die Banknoten!
Wie nur brachten Sie Seele ins Bild?" -
„Man hat halt so seine Methoden!"

Weiß wer noch eine liebliche Maid,
Martha, Gisela oder Hannen.
Sagt ihr, ein Maler stehe bereit,
die Schönheit auf Leinwand zu bannen.
So einer, der sein Handwerk versteht
und gepriesen mit besten Noten,
dem's um die weibliche Seele geht
mit Feingefühl in den Methoden.

***

Mädchen, die zu
Küssen wissen,
Liebe nicht
Vermissen müssen.

Der schlaue Galerist

Eine Erzählung um den Maler Adolf von Menzel

Adolf von Menzel war ein Maler
von allerhöchster Qualität.
Er malte gegen harte Taler
gar Preußens Königsmajestät.
Auch pflegte er manch Eigenarten
im Umgang mit der Galerie,
und ließ recht oft den Händler warten.
Doch man verzieh dem Kunstgenie.

Einer durft‘ seinen Hochmut spüren.
Ein Bild sandt‘ er ins Atelier:
„Würdet Ihr, Meister, dies signieren?
Es ist aus eurer Hand, Monsieur!
Ich bitte drum, dies nachzuholen,
denn ein solch Signum wirkt gleichwie
für Kunden, die es kaufen sollen,
als wahrer Echtheit Garantie!“

Von Menzel schrieb: „So kann's nicht gehen.
Das Bild ist zwar von mir gemalt,
sollt‘ ich's mit Signatur versehen,
man Euch dafür sehr viel bezahlt.
Drum ist es logisch nur, Verehrter,
wenn ich dafür Fünfhundert nehm.
Ein Ausgleich ist's, ein nennenswerter.
Zahlt Ihr, dann gibt es kein Problem!“

Der Kunsthändler nahm standepete
das Bild zurück und zahlte nicht.
Dem Maler stieg die Zornesröte
jedoch zu bald in das Gesicht.
Der Galerist dankte ihm heiter
und innigst für den netten Brief;
denn dieser helfe auch so weiter
und wirke äußerst effektiv.

Worauf dem Maler er erhellte:
„Das Schreiben klebte ich mit Fleiß
rückseitig flugs auf das Gemälde
als Ihrer Künstlerschaft Beweis!“ –
Und die Moral von der Geschichte:
Es freut, wenn einer arrogant
sich geldgeil gab im Musen-Lichte
und dennoch seinen Meister fand.

***

Henriette und Palette

Es sucht die Dame Henriette
den Maler auf, den sie sehr schätzt,
wobei sie sich mit Zigarette
gleich zwischen die Gemälde setzt.
Sie lobt der Venus Statuette
und auch des Waldes Dunkelgrün,
sowie der Landschaft Silhouette
und einen Schwan samt Lohengrin.
Höchst schwärmerisch preist die Brünette
der Bilder reiches Kolorit.
„Ich nähme gern“, ruft Henriette,
„die ganze Pracht der Farben mit
zu mir nach Haus, auf dass ich hätte
den bunten Reichtum ganz bei mir!“
Dann zog sie an der Zigarette.
„Ein Wunschtraum wär‘ es! Was meint Ihr?“
Und wider alle Etikette
lacht laut der Maler hinterm Bild:
„Sie sitzen schon auf der Palette!
Madame, Ihr Wunsch ist längst erfüllt!“

***

Mona Lisa und die Rache des Malers

Schlawinski war ein Malgenie
und dabei Sonderklasse.
Er schuf mit feiner Akribie
Portraits für gute Kasse.
Einst bannte auf die Leinwand er
die Frau des Fabrikanten.
Der machte ihm die Arbeit schwer
nach Art von Querulanten.

Mal schien die Seine ihm zu drall,
mal viel zu lang die Nase,
mal brachte ihn der Lichteinfall
gehörig in Ekstase.
Auch als das Bildnis fertig war,
gab er sich nicht zufrieden.
Er nörgelte mal hier mal da,
den Preis zu unterbieten.

Schlawinski, der des Feilschens satt
und Schalk war von Gemüte,
gab nach und dachte: „Wart nur ab,
bis ich es dir vergüte!"
Bald ward erneut der Fabrikant
im Atelier gesehen.
„Ich brauch ein Bild für meine Wand!
Doch muss es bald geschehen!

Die Mona Lisa als Kopie,
nach meiner Gattin Willen,
soll mit des Lächelns Harmonie
die neue Villa füllen."
Schlawinski sagte launig „ja,
das Bild will ich gern malen!"
Er wusste seine Rache nah.
„Im voraus ist zu zahlen!".

Auch dürfe diesmal, bitte sehr,
das Bildnis niemand sehen,
bevor es hänge regulär.
Drauf müsse er bestehen.
„Mit Tuch bedeckt kommt's an die Wand.
Laden Sie viele Gäste",
riet schelmisch er dem Fabrikant,
„zu dem Enthüllungsfeste."

Vier Wochen waren bald vorbei.
Schlawinski gab ein Zeichen.
„Am nächsten Sonntag, halber drei
will's Bild ich überreichen!"
Der Fabrikant bestellte ein
viel Herren und auch Frauen,
welche bei Kaviar und Wein
das Kunstwerk sollten schauen.

Pünktlich kam der Schlawinski an,
das Bildnis im Gepäcke.
Er hing es an die Wand sodann
und stellte sich ins Ecke.
Die Frau des Hauses zog die Schnur
und strahlend kam ans Lichte
der Mona Lisa Kultfigur
mit lächelndem Gesichte.

„Bravo, so gut, so meisterlich,
so wunderbar getroffen!"
Derweil Schlawinski heimlich schlich
nach drauß. Die Tür stand offen.
Es störte eine Fliege nur
am Handgelenk der Schönen
und schien als freche Kreatur
das Bildnis zu verhöhnen.

Der Fabrikant schritt zur Gewalt
und schlug nach jener Fliege.
Da sah er, dass sie aufgemalt.
Starr wurden seine Züge.
Die Hausfrau prompt in Ohnmacht fiel.
Still ward es unterm Dache.
Der Spöttelei gab's später viel. -
Das war Schlawinskis Rache.

***

Goethes Geburtstag

„Es irrt der Mensch so lang er lebt“

Man weiß, es gab zu allen Zeiten,
geht es um ein Geburtstagsfest,
Verstimmung und Verlegenheiten,
wenn man das Gratulieren lässt.
Sei's, weil uns der Termin entgangen
als Zoll an die Vergesslichkeit.
Sei's, weil das Datum sich verfangen
im Dickicht der Kalenderzeit.

So kam selbst eines Tags in Nöte,
als sein Geburtstag wieder nah,
der große Johann Wolfgang Goethe,
der ohne Eitelkeit nicht war.
Es traf an einem Sommertage
des Dichters Sekretarius
den Herrn in schlechter Stimmungslage,
erzählt man heute posthumus.

Verwundert sah er Goethe wandern
in seiner Stube auf und ab
von einem Fenster hin zum andern,
wo's jeweils eine Pause gab.
Vor jedem Fenster blieb er stehen
und griff nach einer Flasche Wein.
Vom Inhalt goss er, wie zu sehen,
sich randvoll in den Römer ein.

„Es ist wohl besser, wenn ich warte“,
dachte der Sekretarius,
indem er an der Tür verharrte.
„Was quält den Herrn des Pegasus?“
Doch ward die Antwort gleich gegeben.
Der Dichter knurrte aufgebracht:
„Es hat niemand, muss ich erleben,
meines Geburtstags heut gedacht.

Wo sind die Freunde all geblieben?
Wo ist der Gratulanten Schar?
Wo sind die Damen, die mir schrieben
mit innigem Vokabular?
Wo sind die Blumen, die sonst kamen?
Wo bleibt der Chöre Hochgesang?
Wo sind die Herrn mit Adelsnamen
und Gäste mit Ministerrang?“

„Ein Irrtum ist es, Herr, ein schlimmer,
Euer Geburtstag, Exzellenz,
ist morgen und es kommt wie immer
zu Euch die ganze Residenz.
Seit Monaten, lasst’s mich gestehen,
werken wir für die Festlichkeit.
Wartet nur ab, Ihr werdet sehen.
Jedoch erst morgen ist’s soweit!“

Voll Zweifel hob die Augenbrauen
Goethe und sprach: „Ich will gleichwie
erst nach dem Kalendarium schauen. –
Es stimmt, bei Gott, ich bin zu früh!“
Der Dichterfürst begann zu lachen.
„Wenn’s so ist, Sekretarius!
Vor Irrtum frei, was soll man machen,
bin nicht mal ich, ein Genius.

Dann reimte er wie abgehoben,
es war, als wenn die Stimme bebt,
den Finge hoch zur Stirn erhoben:
„Es irrt der Mensch, so lang er lebt.“ -
Und wer um die Geburtstagsfete
sich zeigt vor Irrtum nicht gefeit,
preise wie dazumal Herr Goethe
des Menschen Unvollkommenheit.

Als geblüht der Kirschenbaum

Eine Schmonzette um Operettenklänge

Einst gingen wir in das Theater,
die Kinder, Mutter und der Vater,
zum Ohrenschmaus beim Liederreigen
mit Schöngesang und Flüstergeigen.
Die Absicht gut, nicht zu bestreiten,
allein es gab Verlegenheiten.
Wir aßen vorher Kirschentorte,
was explosiv wirkte vor Orte;
denn teuer mussten wir bald büßen,
dass Mutter sie tat künstlich süßen.
Wir konnten unter Magenkrämpfen
das Blähende in uns schwer dämpfen.
Kaum sang der Chor vom „*Hauch der Rosen*",
zischte es schon aus unsern Hosen.
Laut priesen sie den „*Frühlingsduft*"
und um uns wehte dicke Luft.
Der Melodienkranz im Saal
half noch zu steigern unsre Qual.

Die Sängerin mit Namen Inge
sang, *dass in ihr ein Lied erklinge.*
„*Leise, ganz leis*" hieß es bei Strauß,
derweil die Windlein traten aus.
Hoch auf den Brettern, sehr gelungen,
ward auch das „*Wolgalied*" gesungen.
„Ach, wenn wie der, allein man wäre,
statt hier im dichtem Menschenheere!"
Derweil bei Kindern, Vater, Mutter,
sich regte wild das Süßstoff-Futter.
Zunächst der Stärke nach mimoso,
doch wachsend hin bis zum Furioso.
Dazu gab es – als wär's bestellt –
„*Galopp aus Orpheus' Unterwelt*".

Mutter schluchzte in die Kleider:
„Guter Gott, wie geht das weiter?"
Und zum Hohn, man glaubt es kaum,
kam *„Als geblüht der Kirschenbaum"*.

Dann intonierte frech der Bass:
„Oh je, oh je, wie rührt mich das!"
Dank unsres Drangs, was zu betonen,
roch es schon sauer nach Zitronen.

Die Nachbarschaft, die erst gebannt war
und auf die Bühne hin gespannt sah,
sprach plötzlich hörbar von „Bagage".
Der Vater flüsterte „Blamage"
und sah den Abend böse enden.
Er barg sein Antlitz in den Händen.
Dann sangen sie, oh Ironie,
von *„Schweinespeck und Borstenvieh"*.
Und lautstark zog schließlich vom Leder
aus *„Säckingen der Posttrompeter"*.
Auch trug zum Trost uns der Tenor
ein hintersinnig Liedlein vor,
dass *„glücklich der ist, der vergisst,*
was ohnhin nicht zu ändern ist".

Es blieb uns nur, wie oft im Leben,
sich brav dem Schicksal zu ergeben.
So harrten bebend wir am Ort
auf der Erlösung Schlussakkord;
denn wo solch Mächte druckvoll walten,
heißt es, in Demut auszuhalten,
zumal wir spürten unter Schocken:
Nicht alle Windlein waren trocken.
Dazu als Schmach noch obendrein
sang gar die Diva hundsgemein,
vom Zufallsteufel ausgewählt:
„Der Wind hat mir ein Lied erzählt".
Vom Podium, als wär's Komplott,
kam zu der Pein so noch der Spott!

Da sprech noch wer, dass Operetten
uns heut nichts mehr zu sagen hätten.

Wenn das der arme Mozart wüsste

Wenn das der arme Mozart wüsste,
dass er nicht nur als Marmorbüste
wird heutzutage feilgeboten,
was noch verständlich mitsamt Noten,
sondern in Schachteln oder Dosen
als Schokoladen-Pretiosen,
er jagte all die Krämerseelen,
die ihm posthum den Namen stehlen
und damit ärgern ungeheuer,
in Don Giovanni's Höllenfeuer.

Wenn das der arme Mozart wüsste
im Grab drunten in seiner Kiste,
dass Mozart-Kugeln oder –Taler
und –Roller auch, was noch fataler,
man offeriert, und nicht zu Scherzen,
gar goldverpackte Mozartherzen,
er übergäb die Händler schnöde
den Nachtgeistern der „Zauberflöte",
dass die, die ihn bedenklos kränken,
im Blitz und Donnersturm versänken.

Wenn das der arme Mozart wüsste,
dass auf der Läden Warenliste
wird Mozart-Joghurt angepriesen
und Mozart-Milch-Shake, wie bewiesen.
Und dass sie überdies zu Haufen
in Flachen Mozart-Schnaps verkaufen.
Er wüsste gegen all die Herren
sich solcher Ausschlachtung zu wehren
und ließ den Osmin aufmarschieren
und sie gnadlos zum Richtplatz führen
und „die Hälse schnüren zu" –
und „die Hälse schnüren zu"
und fänd so seine Totenruh.

Ein Mann wie ein Pferd

Vorm Seelenarzt mit Bittermiene
saß Heinz, der Psychopatient.
„Alles wird gut“, sprach mit Routine
der Weißkittel zu dem Klient.

„Bitte, sich auf die Couch zu strecken.
Erzählen Sie mal ganz entspannt,
worüber Sie sich so erschrecken.“
Er blickte über‘n Brillenrand.

„Es war, also es war im Traume,
der heimgesucht mich letzte Nacht:
Da war ich Pferd im Lederzaume,
das man zur Scheune hat gebracht.“

„Ein Pferd?“, ließ sich der Doktor hören,
„ein interessanter Fall! Doch Mut,
wir werden der Neurose wehren.
Ich sehe klar, alles wird gut!

War’n sie ein Pferd von edler Rasse?
Rennpferd oder nur Kutschergaul?“
Heinz schnitt gequält eine Grimasse:
„Ich fraß und stopfte mir das Maul.

Ich schlang und schlang Heu ohne Pause
sackweise in den Wanst hinein.
Ein Fresszwang war’s und kein Geschmause!“
Da fiel der Psychologe ein:

„Alles wird gut, nur keine Sorgen!
Und wie verdauten sie den Schreck?“
„Von der Matratze war am Morgen,
Herr Doktor, gut die Hälfte weg!“

Ärztlicher Kunstfehler

„Wie geht es dem Patienten?“
fragten besorgt die Lenden.
„Zwei Stunden im OP“,
berichtete der Zeh.

„Man hat den Tod bezwungen“,
versicherten die Lungen.
„Bald trinkt er wieder Pils“,
sagte voraus die Milz.

„Und schmaust dann wie ein Eber“,
verkündete die Leber.
„Entwarnung innerwärts“,
betonte froh das Herz.

„Nichts ist zudem gebrochen“,
bestätigten die Knochen.
„Hängt er auch noch am Tropf,
er denkt schon!“, sprach der Kopf.

„Und spürt des Lebens Wärme“,
verbreiteten die Därme.
Doch, was dem Auge kund,
verkündete der Mund.

Er schrie laut in die Stille:
„Der Arzt ließ drin die Brille.“
„So ist es“, rief das Knie,
„am Boden sucht er sie!“

Der Doktor streikt

Der Doktor streikt? Der Doktor streikt.
Er will heut nicht kurieren.
Der Doktor streikt. Der Doktor streikt.
Er muss heut demonstrieren.
Der Doktor streikt. Der Doktor streikt
und mit ihm die Kollegen.
Der Doktor streikt. Der Doktor streikt.
Es ist des Geldes wegen.
Der Doktor streikt. Der Doktor streikt.
Es geht, oh welch ein Wunder,
der Doktor streikt, der Doktor streikt,
die Sterberate runter.
Der Doktor streikt. Der Doktor streikt,
niemand macht mehr die Flatter.
Der Doktor streikt. Der Doktor streikt.
Jetzt streikt auch der Bestatter.

Party mit VIP'S

Auf seinen Kreuzfahrt-Trips
sah er, den man rief Fips,
die Dame mit den Clips
inmitten all der VIP's.

Sie schüttete im Schwips
dem ahnungslosen Fips
den Cocktail auf den Schlips
und warf um sich mit Chips.

Weil abwesend ihr Grips,
trat jene mit den Clips
vors Schienbein gar den Fips,
das danach musst' in Gips.

Da sprach der arme Fips:
„Ich hab zwei heiße Tips;
Hüt' Euch vor Frau'n mit Clips
und Bordparties mit VIP's.

***

Variationen mit Ali

In Kreuzberg gab es eine Tante,
die höchst intim der **Ali-kannte**.
Bald sprach sie jedoch auf ihn ein:
„Du wirst bald **Ali-Baba** sein.
Bekenn dich als Erzeuger schlicht,
denn ein **Ali-bi** hast du nicht.
Du bist der Vater", sprach sie mild,
bist als **Ali-as** längst enthüllt.
Drum geht's, wenn man bedenkt das Ende,
gewiss nicht ohne **Ali-mente**.

Umsonst und Vergebens

Luise ließ den Doktor bitten.
Der Ihrige sei sterbenskrank.
Arznei sei nötig, unbestritten,
eiligst als Pille oder Trank.

Der Arzt erschien nach kurzer Dauer,
noch außer Atem ganz und gar.
Doch vor fand er das Haus in Trauer.
Der Kranke schon verschieden war.

„Zu spät! Es scheint ein Streich des Lebens.
Er ging schon in die Ewigkeit.
Umsonst Ihr Kommen und vergebens“,
gab die Luise ihm Bescheid.

Der Doktor zupfte die Krawatte:
„Es war vergebens, dass ich kam,
weil heimgegangen schon der Gatte.
Doch keineswegs umsonst, Madame!

***

Toilettenpapier

Wer allgemein gebildet ist,
der weiß vom Toilettenpapier,
dass man solches nach Rollen misst
und aushängt im „Klo“-Revier.
Doch wenige wissen schwerlich,
dass man als Verschleiß auf dem Topf
braucht der Rollen fünfzig jährlich;
pro Gesäß? Nein, Verzeihung, pro Kopf!

Ein Koblenzer und Napoleon

Ein Koblenzer und echter Schängel
diente dereinst Napoleon.
Oft fand man ihn im Kampfgedrängel,
erhielt auch manchen Orden schon.

Er zog zum Klang der Marseillaise
nach Osten mit ins Zarenreich,
zu einer blutgetränkten Lese
mit Hieb und Stich und Säbelstreich.

Und es war mitten im Gefechte,
als jener Kaiser Bonapart(e)
auf seinem Schimmel vorwärts preschte,
nicht achtend gutgemeintem Rat.

Doch ehe er sich recht versehen,
und wie uns der Bericht erklärt,
wurde dramatisch das Geschehen,
denn Feinde folgten seiner Fährt.

Kosakenreiter, welch Entsetzen,
hatten des Kaisers Hut erkannt
und machten sich auf, ihn zu hetzen,
dem Schimmel nach zum Waldesrand.

Über die Lichtung ging das Jagen,
wo der aus Koblenz Posten stand.
Der sah, es ging um Kopf und Kragen,
und ritt zum Feldherrn hin gewandt.

„Gebt Euren Hut mir und den Schimmel“,
rief eilends er dem Kaiser zu
und ungesehn vom Jagdgetümmel
tauschten die Pferde sie im Nu.

Der Bonapart(e) entkam der Meute.
Sein Retter jedoch ward gestellt.
Als man erkannt die falsche Beute,
hieben im Zorn sie auf den Held.

Es gab Pardon nicht, noch Erbarmen;
der Brave wehrte sich, allein
er unterlag den vielen Armen,
und lag totwund im Abendschein.

Dem großen Kaiser blieb das Leben,
dem Koblenzer das Feld der Ehr.
Was wär der Welt erspart geblieben,
wenn's umgekehrt gewesen wär?

Gestalt im Wald

Ländliche Nonsenstragödie

Die Resi stand im Wald
und es war ziemlich kalt.
„Wenn nur der Sepp käm bald!"
Sie war in ihn verknallt.

Weil er ein Wildschütz halt,
manch Reh er abgeknallt
da drauß im grünen Wald.
Da sah sie die Gestalt.

Vom Unterholz umwallt
rief laut der Förster: „Halt!
Wer treibt sich rum im Wald?"
Worauf zurück es schallt:

„Ich bin die Resi, halt!"
Als ein Gewehrschuss schallt
und talwärts widerhallt.
Der Förster niederknallt.

Drauf trat der Sepp alsbald
aus einem Felsenspalt.
Resi sich an ihn krallt:
„Der Förster, er ist kalt!"

Der Sepp verwundert lallt:
„Ich trank doch nur zwölf Alt.
Mein Schuss, der grad verhallt,
dem flücht'gen Rehlein galt."

Sepp sprach, von Dunst umwallt:
„Ich hab ihn abgeknallt!
Weidmännisch! Durch den Wald
schleppen wir die Gestalt!"

Und an der Stange bald,
statt eines Rehleins halt,
trug man ihn aus dem Wald,
wobei das Jagdhorn schallt.

Die Förstersfrau pries kalt
die höhere Gewalt:
„Ja mei, bin rüstig halt
und er war schon recht alt!"

***

Zeisig in Bad Breisig

Skurrile Tiergeschichte

Vor dem Rathaus in Bad Breisig
hüpfte unbeschwert ein Zeisig,
der nach Körnern pickte fleißig,
als ein Rabe rief: „Dich beiß ich!"

„Oh, warum so bärenbeißig?",
sprach darauf der kluge Zeisig.
„Ich bin klein, doch drauf verweis' ich,
pfeif ich, sind wir an die Dreißig,

wovon jeder rupft am Steiß dich".
Da ward es dem Raben schweißig.
Er rief: „Streit ist doch verschleißig!
Lass die andern auf dem Reisig!"

Friede schlossen beide fleißig.
Doch, zum Teufel, eines weiß ich:
niemals gab es in Bad Breisig
mehr als diesen einen Zeisig.

Frau Kinzig und Herr Sinzig lieben sich

Die Frau Kinzig
traf Herrn Sinzig.
Was entspinnt sich.
Ob man minnt sich?

Bald Herr Sinzig
mit Frau Kinzig
liebten blind sich.
Sie gab hin sich.

Abstand winzig.
Als Frau Kinzig
hörte in sich,
meldet Kind sich.

Hört Herr Sinzig
von Frau Kinzig,
was entspinnt sich.
Macht er dünn sich?

Nein, legt Wind sich.
Es verbind't sich
der Herr Sinzig
mit Frau Kinzig.

Das hat's in sich;
denn Frau Kinzig
nennt forthin sich
Kinzig-Sinzig.

Egon, so kann's nicht weitergehn!
Ins Futter gab ich jetzt Arsen.
Weil unser Haus, was du vergisst,
bei Gott, kein Mausoleum ist.

Neuwieder Vermieter

Nonsensverse

Ein Neuwieder
immer wieder,
wollt der Dame an das Mieder.

„Ich heiß Frieder",
sprach er bieder,
„und bin obendrein Vermieter."

Er ward rüder.
Sie ward müder
und zog aus das Untermieder.

Als der Flieder
blühte wieder,
trug sie etwas unter'm Mieder.

Und der Frieder?
Vor ihr kniet er:
„Ich mach dich zum Dauermieter!"

Armer Frieder!
„Sei kein Wüter!"
sprach die Dame treu und bieder.

Komm ich nieder,
ist's von Dieter,
der ist bei mir Untermieter
und vergisst stets den Verhüter."

Heiterer Pegasus auf Städtereise

Andernach
„Geh du voran", die Mutter sprach,
„ich komme mit der *Ander nach.*

Baden-Baden
Der Penner roch nach Knoblauchschwaden,
weshalb sie ihn zu *baden baten.*

Bad Kissingen
Die Miss will beim *Kiss singen,*
Da muss der Kiss misslingen.

Beirut
Die Frau Gemahlin fand mit Wut
den Gatten wieder mal *bei Ruth.*

Bochum
„Ich bin zu dick und das ist dumm",
klagte die Sächsin, „am *Bo chum*!"

Bonn
„Oh, schönes Fräulein, hab die Ehre,
für Sie ist diese *Bonn*-Boniere.

Casablanca
„Hast du noch Geld?" fragte Bianca.
Da meinte ich nur: „*Cassa blanca*".

Darmstadt
Er hört den Arzt energisch sagen:
„Wir spiegeln heute *Darm statt* Magen."

Dresden
Karl May war nie im wilden Westen,
Er musste sich mit Dresden *dresden.*

Freiburg
Der König Etzel sprach zu Gunther:
„Ich lasse euch nicht *frei, Burg*-under.

Fürth
Riskiert ein Mädchen einen Flirt,
kann's sein, dass der zum Kinde *Fürth*.

Göteborg
Schiller, der stets in Geldesnöten,
bat *Goethe: „Borge* mir Moneten!"

Ismir
„Sag mir schnell, wo ist der Kübel?
Heil'ge Jungfrau, *is mir* übel!"

Karlsruhe
Zum Einbrecher die Gattin spricht:
„Nimm mich und stör' *Karls Ruhe* nicht.

Köln
Hab von der Brücke kurz nach zehn
wen in den Rheinstrom pin-*köln* sehn.

Konstanz
Die Resi sprach: „Hör zu, mein Franz.
Du bist zwar lieb, doch fehlt *Konstanz*."

Leipzig
Die Streckbank wurde ihm zur Qual.
Man bog den armen *Leib zig* mal.

Mainz
Den Täter warnte das Gericht:
„*Mainz* und Deins verwechsle nicht."

Mannheim
Geh dem Filou nicht auf den Leim"
Sag lieber: „Gleich kommt mein *Mann heim*".

Meissen
„Sag mir, wie die Vögel heißen,
sind es Lerchen oder *Meis(s)en*?“

Neuss
Den Hermes fragte täglich Zeus:
„Mein Götterbote, was gibt’s *Neuss*?“

Neuwied
Nach der Kur sprach Frieda bieder
„Jetzt fühle ich mich ganz *neu wied*er

Offenbach
Der Bettler ohne Haus und Dach
machte am Rathaus *offen Bach*.

Rastatt
Dem Pharao half aus der Krisis
auch diesmal wieder *Ra statt* Isis.

Saarbrücken
Es bot des Wandrers Blicken
ein Fluss sich. Er *sah Brücken*.

Saloniki
„Du führst mich zum *Salon, Niki*?“
„Ja, jetzt gibt’s kein pardon, Vicki!“

Speyer
Sie kotzten wie die Reiher.
Heinz war der größte *Speyer*.

Stadthagen
Brunhilde dacht: „Keiner *statt Hagen*
wird einen Mord an Siegfried wagen.“

Stalingrad
Ihr Koffer, Herr Regierungsrat,
ist leider weg. Man *stahl in grad*.“

Das Haupt von Kleopatra

Es war in Alexandria,
im Land der Pharaonen,
das einstmals die Kleopatra
samt Hofstaat tat bewohnen.
Wo Heinz und Frau Angelika
ein altes Haus betraten,
gelegen mitten im Basar:
Abdullahs Trödelladen.

Dort fanden sie aus Attika
altgriechische Amphoren,
auch Schwerter und et cetera,
beim Kreuzzug wohl verloren.
Es zeigte Frau Angelika
auf einen Totenschädel.
„Von wem ist der wohl, Abdullah?
Der Kopf wirkt fein und edel.“

„Der ist von der Kleopatra“,
ließ leis der Händler hören,
„zweitausend Jahre alt circa,
und darum hoch zu ehren.“
Es harrte das Germanenpaar
wie in der Schrecksekunde
damals in Alexandria
aus Ehrfurcht vor dem Funde.

„Wohl unverkäuflich, Abdullah?“,
kam's von der deutschen Dame.
„Fünftausend mindestens, in bar!
Gelobt sei Allahs Name“,
sprach Abdullah, der Antiquar.
Heinz kniff sie in die Seite.
„Zu teuer ist das Exemplar!
Mein Gott, dann sind wir pleite!“

Da fragte Frau Angelika
nach einem zweiten Schädel,
der kleiner als der erste war.
„Stammt der von einem Mädel?"
„Auch dies ist", sprach der Abdullah,
„wenn Sie mich danach fragen,
der Kopf von der Kleopatra;
als Kleinkind – sozusagen."

***

Abdul aus Absurdistan

Andere Länder, andere Sitten

Abdul aus Absurdistan
in Moschee spricht zu Kumpan:
„Will ich werden Ehemann,
sag, wie Braut ich finden kann!“

Hilft mit Rat seine Kumpan:
„Gibt es Braut bei Nachbar-Clan!“
Schaut sich Abdul die gleich an.
Is noch nicht recht angetan.

„Ich Gesicht nur sehen kann.
Aber falls ist Mangel dran
unter’m Umhang, was is dann?
Muss ich sehen, wenn nichts an!“

Nicht erbaut ist Nachbar-Clan.
Nennt man Abdul Grobian.
Aber Braut will Ehemann.
Gibt man nach bei Allah dann.

Vierzehn Tag nach Ramadan,
Abdul geht in Haus von Clan,
sieht durch Türspalt auf Diwan
Braut, was nackt. Nur Kopftuch an.

„Alles klar?“ fragt Veteran,
welcher Chef von Nachbarclan.
Abdul aus Absurdistan
meint darauf wie Scharlatan:

„Macht Figur von Braut mich an.
Doch wird nichts aus Heiratsplan.
Seht euch ihre Nase an.
Ist die krumm wie Wasserhahn“.

Stroganoff und Molotow

Nonsensdichtung über Feinschmecker

Herr Stroganoff
und Molotow
speisten in Villa Romanow.

Sprach Stroganoff
zu Molotow:
„Essen nix gut in Bungalow!

Ich mach jetzt Zoff,
wobei ich hoff
auf ein „Steak á la Stroganoff."

Herrn Molotow,
die Lefze troff;
so gut war „Steak von Stroganoff".

Dann sprach er schroff
zu Stroganoff:
„Wie wär's mit Cocktail Molotow?

Mein Cocktail-Stoff
wirkt, wie ich hoff',
halt ich dran eine Davidoff."

Dank Molotow
machte es „woff"
und in die Luft flog Bungalow.

Weg Stroganoff!
Weg Molotow!
Weg auch die Villa Romanow!

***

Wiener Blut – wörtlich genommen

An den Walzertakt gebunden
hat der große Johann Strauß
einst das „Wiener Blut“ erfunden,
allbekannt als Ohrenschmaus.
Doch es fließt auch, meint der Spötter,
beim Rasieren oft genug
rot vom Kinn, ihr Donaugötter,
Wiener Blut, Wiener Blut!

Lag der Augustin beim Prater
in der Gosse hilflos stumm,
dass man ihn ließ kurz zur Ader.
Und dann wusste man, warum:
Alkohol fand man, zum Teufel,
literweis im Tunichtgut
und ein Restchen ohne Zweifel –
Wiener Blut, Wiener Blut!

Stachen eines Tags zwei Mücken
eine schöne Weibsfigur.
„An der kann man sich erquicken“,
sprach die eine, „mon amour!“
Und die andre mit ‘nem Lacher
sog sich voll. „Die Brust tut gut!
Die ist von der Mutzenbacher!“ –
Wiener Blut, Wiener Blut!

Der Graf Bobby lag als Kranker
und pfiff auf dem letzten Loch.
Und man dacht, als Lebensanker
helfen Blutkonserven noch.
Da sprach der, der fast am Ende:
„Meint’s der Doktor noch so gut,
akzeptiert wird nur als Spende
Wiener Blut, Wiener Blut!

Die Tote an der Seine

Rührstück zum Mitweinen

Da war *Tine*, die *Blondine*,
Eine junge *Ballerine*,
die von *Lande* zog zur *Tante*,
doch dann knüpfte Herzens*bande*

zu dem *Dandy* mit dem *Handy*,
einem Luder namens *Andy*;
Der sprach: „*Hase*, mir zum *Spaße*
schaffe Geld an auf der *Straße*!“

„Nimmer *zähle*“, rief die *Seele*,
dass ich solches Los *erwähle*.
Statt der *Liebe* gab’s drauf *Hiebe*,
dass sie floh das Sex*getriebe*.

Im *Gelände* kam das *Ende*.
Er folgte ihr nach *behände*
Und erstach sie, *ritze-schlitze*,
mit des Messers scharfer *Spitze*.

Nah der *Seine*, wo die *Schwäne*
stets belebt die Landschafts*szene*,
lag die *bleiche* Frauen*leiche*
unter einer grünen *Eiche*.

Und die *Mühle* der *Gefühle*
reißt uns hoch von dem *Gestühle*.
Hin die *Blüte*! Meine *Güte*!
Oh, wie schlägt das aufs *Gemüte*!

Die *Romanze* greift ans *Ganze*.
Leser weint um *Pomeranze*.
Dank der *Szene* mitsamt *Träne*
packt den Dichter selbst *Migräne*.

Die Erschaffung des Schweizers

Schmonzette um den ersten Eidgenossen

Der Herrgott saß auf einem Stein
erschöpft im Mittagssonnenschein,
wo er aus Lehm mit mäß'ger Pracht
den ersten Schweizer grad gemacht,
der rustikal war von Statur
und nicht gerade Frohnatur.
„Nun ja, wenn's auch kein Augenschmaus,
so sieht der Bursch doch herzig aus",
brummte der Schöpfer selbstkritisch
und fragte gottesväterlich:

„Nun, wie gefällt dir diese Welt.
in die ich dich hinein gestellt?"
„Nicht schlecht", brachte der Schweizer vor
und kratzte zögernd sich am Ohr:
„Doch macht die Landschaft nicht viel her.
Wie wär's mit Bergen, bitte sehr?"
„Nichts leichter", rief der Herr, „als das!
Ich will dir gönnen diesen Spaß!"
Er hob die Hand und siehe da,
aus dem Geröll, wie wunderbar,

wuchsen die Alpen. Und ganz vorn
ragte empor das Matterhorn.
„Zufrieden nun, mein Erdensohn?"
„Nicht ganz", war drauf die Reaktion:
„Recht wären", fiel dem Schweizer ein,
„noch Almwiesen am Bergeshain!"
Der Herrgott lachte: „Schon gewährt!"
Er hob die Hand und wie begehrt
zog sich am Fuß der Felsen hin
ein Streifenband mit sattem Grün.

„Beim Rütli-Schur“, der Schweizer sprach,
„so leicht macht Euch das keiner nach“.
Dann legte er die Stirne kraus
und stotternd brachte er heraus:
„Noch eine Kleinigkeit fehlt, Herr.
Wie wär’s, gäb’s Kühe ringsumher!
Rindviecher wären vorteilhaft
für Käse- und auch Milchwirtschaft“.
Der Herrgott nickte gnadenreich:
„Auch der Wunsch sei erfüllt sogleich!“

Er hob die Hand und wie im Nu
umstand den Schweizer Kuh um Kuh.
„Beim Wilhelm Tell und seinem Bart,
sechs Dutzend von der besten Art!
Da macht man sicher bald Gewinn,
so wahr ich Eidgenosse bin!“
Er prüfte Euter gleich und Horn
misstrauisch, als wär’s angebor’n.
„Kein Zweifel konnte daran sein,
die Kühe schauten glücklich drein!“

Worauf er wortlos und spontan
dieselben fing zu melken an.
Er schien, wie man den Schweizer kennt,
beim Melken recht im Element.
Bis in der Arbeit urplötzlich
besann der Eidgenosse sich.
Er sah zum Herrn, der lächelnd stand,
und nahm ein leeres Glas zur Hand,

goss Milch ein mit verschmitztem Sinn
und reichte sie dem Herrgott hin.
Der schlürfte: „Sehr empfehlenswert“
Ein Saft, der seinen Mann ernährt!“

Darauf sprach er in mildem Ton:.
„Leb wohl, du Eidgenossen-Sohn!
Hoff, dass du nun zufrieden bist
und mir stets bleibst ein frommer Christ!"

Der Schweizer aber blickte streng,
als wäre ihm das Hemd zu eng.
Dann zog er listig das Gesicht
und sprach gepresst ins Abendlicht:
„Hab an Euch keine Wünsche mehr,
doch eine Forderung, oh Herr,
denn für die Milch von meiner Kuh
stehn mir noch sechzig Räppli zu."
Dies war das einz'ge mal, oh ja,
da man den Herrgott sprachlos sah.

Auf nach Italia

Aus dem Innenleben einer Busreisegesellschaft (Singspiel)

Die Stimmung ist famos.
Seid Ihr auch alle da?
Gleich geht die Reise los.
Auf nach Italia!

Wir kamen nach Venezia,
da gab's den ersten Krach,
oh, heilige Lucretia,
unter dem Gondeldach.
„Der Platz dort ist der meene!
Ick komme aus Barlin!"
Ins Wasser! Plumps! Va bene!
„Da guck, jetzt liescht er drin!"

Nun steigt schon in den Bus.
Wo ist die Kamera?
Sieh dort den Portikus.
Vivat Italia!

Wir kamen nach Verona,
wo grade der Tenor
trug nachts in der Arena
Radames-Arien vor.
„Oh, wie die Sinne schwinden",
rief Lisbeth, „hört, wie's klingt,
als ob bei uns in Minden
der blonde Heino singt."

Der Bus heißt „Albatros"
und fährt im ersten Jahr.
Gleich geht es wieder los.
Hallo Italia!

Wir kamen nach Firenze,
wo es ein Denkmal gibt
von Herren mit Potenze,
die Frauenraub geübt.
Erna bracht's auf den Nenner:
„Schaut diese Muskeln an.
Da ist an Kölsche Männern
nicht halb so viel daran.

Was soll's! Auf in den Bus,
hin zur Basilika!
Dort seht den Arno-Fluss.
Bella Italia!

Wir kamen nach Siena.
Dort war der Hunger groß.
Spaghetti von Matrona
mit Pomodoro-Sauce.
Die Annegret aus Gießen
war davon nicht erbaut:
„Ach, hätt' ich zum Genießen
Eisbein mit Sauerkraut!"

Komm, sei kein Trauerkloß!
Es ist der Bus schon da.
Gleich geht es wieder los.
Ciao, Mama Lucia!

Wir kamen auch nach Pisa;
dort kam ein Don Juan,
der macht' sich an Elisa
aus Wanne-Eickel ran.
Sie rief: „Ich will Amore.
Erober mich im Sturm
und zeig mir, par favore
auch noch den schiefen Turm!"

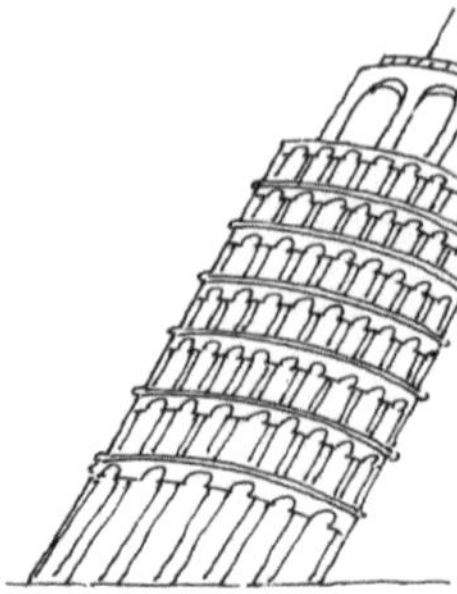

Der Fahrer hupt im Bus.
Seid Ihr auch alle da?
Noch einen letzten Kuss!
Oh du Italia!

Wir kamen nach Neapel,
das gab es groß Geschrei.
Es kam nah einer Ampel
ein Taschendieb vorbei.
Die Emma aus Schaffhausen
hat gleich darauf „vermischt"
das Handtäschle, oh Grausen.
„Wo ischt ein Polizischt?"

Versicherung machts gut.
Ihr Fall, Herr Kommissar!
Sei wieder frohgemut.
Schön ist Italia!

Wir kamen auch nach Roma,
was uns den Tag verdarb,
weil dort die Mainzer Oma
antike Kunst erwarb.
Doch trug die Marmorbüste
den Zettel hinten dran.
„Oh, Mama mia, siehst,
das Ding kommt aus Taiwan!"

Roma, du bist grandios!
Die Landschaft wunderbar.
Sie Stimmung rießengroß
hier in Italia.

Wir kamen nach Palermo,
wo Schweiß in Strömen floss,
und vor der Römer Thermo
war's Heimweh riesengroß.

Da rief zur Mittagsstunde
der Walter ohne Scham,
„Ach, säß mit Bier im Munde
in Darmstadt ich dahaam".

Die Hitze ist zu groß.
Auf nach Germania.
Nach Norden geht es los!
Und morgen sind wir da!

Wir rasen durch die Lande,
vorbei an Dom und Stadt.
Wir sind zu nichts imstande
und bis zum Halse satt.
„Oliven und Zypressen,
die man sieht hier und da,
sind rasend schnell vergessen.
Ciao, ciao Italia!

Die Reise geht zu Ende.
Das war's dann; Mann oh Mann.
Statt dolce far niente
fängt gleich der Alltag an:
Du steigst vom Bus, siehst rot.
Dein Auto ist noch da,
doch steht's im Parkverbot.
Vivat Germania!

Reise nach Hawai – ei

Es reisten wir zwei-ei,
ich selbst und der Kai-ei,
was ist schon dabei-ei,
per Schiff nach Hawai-ei.
Tiefblau war die See-e.
Ola, ola-he-e!

Frech sprach an der Kai-ei
die Schöne, oh wei-ei:
„Heideldidei-ei,
wie wär's mit uns zwei-ei?"
Drauf sagte die Fee-e.
„Ola, ola-he-e!"

So kam es, ei-ei,
bald zur Liebelei-ei
am Strand von Hawai-ei.
Kai rief: „He-juchhei-ei,
oh, welch Dekoltèe-e!
Ola-ola-he-e."

Ein Kerl kam herbei-ei
und hieb frisch und frei-ei
dem Kai auf das Ei-ei.
Sie tat einen Schrei-ei.
„Mein Mann, weh-oh-weh-e.
Ola, ola-he-e!"

Die Flucht ergriff Kai-ei. –
Stets beim Toast Hawai-ei
Denk ich ans Geschrei-ei.
Doch ist's Blödelei-ei
Der Reim zieht sich eh-e.
Verzeiht diesen Schmäh-e.

Die Kuchenphilosophie

Die Dame saß im Kaffeehaus.
Sie war höchst attraktiv.
Der Ober kannt' sich mit ihr aus
und bracht, bevor sie rief

den Schokotrunk. Drauf sprach er leis
zu dem Kollegen hin:
„Heißblütig ist sie, wie man weiß,
und eine Ungarin.

Schau nur die Lippen, rot und weich.
Doch mangelt's an Moral;
denn sie setzt Hörner dreifach gleich
auf ihrem Herrn Gemahl.

Sie ist mit dem Tenor bekannt,
ein Operettenheld
und hält's mit einem Fabrikant,
der um sich wirft mit Geld.

Der dritte ist ein Verspoet,
der ihr mit Fantasie
Lobhymnen schreibt von früh bis spät.
Kolleg, was sagen Sie?

„Nimmt er's denn hin, der Herr Gemahl,
wenn er verliert's Gesicht,
und wehrt er nicht solchem Skandal?
Könnt's sein, er weiß es nicht?"

„Er sagt: Besser ein Viertelstück
der Tortenköstlichkeit,
als ganz allein 'nen Gugelhupf,
der fade schmeckt allzeit!"

Die Unmoral

Ein Hausmädchen ist höchst bequem
und für die Hausfrau angenehm.
Es sei denn, dass die Maid adrett
und allzu attraktiv und nett,
so dass der Hausherr unbewacht
der Kleinen schöne Augen macht.
Die Gnäd'ge duldet das nicht lang.
Schönheit wird so zum Bumerang.
So ging's Patricia dieses Jahr,
die kurze Zeit in Stellung war.
Nach gut zwei Monat Arbeit schwer
hieß es: „des Bleibens ist nicht mehr".
Doch hielt die Gnädige zum Schluss
höchst ungnädig im Redefluss
dem Mädchen, das zum Geh'n gewandt
mit Koffer in der Türe stand,
noch eine Predigt lang und breit.
Sie sprach von Sittenlosigkeit.
„Ich dulde nicht", brach es heraus,
„die Unmoral im eignen Haus."
Was jenes Mädchen so verdross,
dass sie zurück gab schonungslos:
„Solch Hochmut ist sehr unbedacht
und ganz und gar nicht angebracht,
denn ich bin", so sprach sie kokett,
„viel besser allemal im Bett
als Sie, obwohl Sie gnädig sind!"
Die Frau suchte nach Halt am Spind.
Dann schrie sie auf in schrillem Ton:
„Du unverschämte Weibsperson!
Wie kommst du nur zu dem Vergleich?"
Dann fragte sie, die kreidebleich:
„Sprach so mein Gatte, bitte sehr?"
„Der nicht, Madame, doch der Chauffeur!"

Kleine dicke Männer

Kleine dicke Männer
sind zu klein für ihr Gewicht.
Kleine dicke Männer
haben oft ein Mopsgesicht.

Kleine dicke Männer,
rennen niemals, nein, die geh'n.
Kleine dicke Männer
heißt's, will man gern um sich sehn.

Kleine dicke Männer
sind als Feinschmecker bekannt.
Kleine dicke Männer
fahren Autos höchst rasant.

Kleine dicke Männer
haben meistens viel Gemüt.
Kleine dicke Männer
es zu schlanken Frauen zieht.

Kleine dicke Männer
können schon mal lauthals schrei'n.
Kleine dicke Männer
möchten wie Napoleon sein.

Kleine dicke Männer
nennt man gerne untersetzt.
Kleine dicke Männer
werden häufig unterschätzt.

***

Er überbrückt, wie man hier sieht,
geschickt den „kleinen Unterschied“.

Große blonde Frauen

Große blonde Frauen
sind gefährlich als Typ.
Große blonde Frauen
wirken immer so lieb.
Große blonde Frauen
fallen überall auf.

Große blonde Frauen
sind auch meistens gut drauf.
Große blonde Frauen
zeigt man gern im TV.
Große blonde Frauen
sind meist Star in der Schau.

Große blonde Frauen
man auf Zeitschriften kennt.
Große blonde Frauen
liegen heut voll im Trend.
Große blonde Frauen
wissen stets ihren Wert.

Große blonde Frauen
sind im Orient begeht.
Große blonde Frauen
sind nicht ganz ohne List.
„Große blonde Frauen“,
so erzählt der Saunist,

„große blonde Frauen
sind, man sieht’s haargenau,
selten blonde Frauen,
sondern schwarz, braun und grau.“

Drei Männer im Schrank!
Dem Himmel sei Dank!
Den einen für drauß,
den andern für's Haus,
den im Kurzjackett
nehm ich mir ins Bett.

***

Erinnerungen einer Gefährtin

Dem ersten hab ich mich ergeben
aus Neugier quasi unbewusst.
Dem andern folgte ich mit Beben
ins Paradies der Liebeslust.

Beim einen bin ich gern geblieben,
weil er von mir war fasziniert,
dem andern hab ich mich verschrieben,
weil mir sein Körper imponiert.

Beim nächsten war ich eine Weile,
weil mir sein rauer Charme gefiel.
Beim andern lockten Häuserzeile,
Geld, Auto, Yacht und Lebensstil.

Dem folgenden blieb ich zur Seite,
weil er mich nicht nach Jahren frug.
Dem andern gab ich das Geleite,
als man im Herbst ihn grabwärts trug.

***

Mein Mann hat eine Meise

Zwei Finkenvöglein Hochzeit machten.
Man sah sie turteln, schnäbeln, schmachten
im Baum und auf der Wiese.
Jedoch kam bald die Krise.

Herr Fink ging fremd und immer wieder
manch Vogeldamen ans Gefieder
bei seinen Seitensprüngen;
Spaß machte ihm das Swingen.

Doch wollt's die Finkenfrau nicht leiden.
Sie sprach: „Piep-piep, ich lass mich scheiden;
denn ich hab die Beweise:
Mein Mann hat eine Meise!

Sklavenlied

Hab Dir gedienet sieben Jahr
in täglich frischem Schweiß
ohn‘ Aufbegehren – das ist wahr,
ohn‘ Entgeld, dass man's weiß.
War eingezwängt gefängnisgleich,
gehüllt in Dunkelheit,
gebeutelt oftmals windelweich.
Lag stets für dich bereit.
Hast mich gezerrt und auch geschlaucht
das ein ums andre mal
und gar im Bett mit mir geraucht.
Denk ich dran, wird mir schal.
Hab mich für Dich zerrissen schier.
Doch blieb ich dir stets fremd.
Ein Sklavendasein gabst Du mir.
Ich war – Dein Unterhemd.

***

Anna nass und Ananas

Der Barrabas aus Caracas
ist schon ein rechter Satanas.
Vom Wasserfass ohn Unterlass
spritzt er die arme Anna nass.

Die greift etwas, nimmt Augenmaß
und wirft es auf den Barrabas.
Der fällt ins Gras. Was war denn das?
Sie traf mit einer Ananas.

Kampf ums Gewicht

Meine Frau sagt,
ich sei zu dick geworden.
Sie sagt sogar,
ich sei schon kugelrund.
Meine Frau sagt,
das komme nur von Torten.
Jetzt fast' ich täglich
wie ein armer Hund.

Meine Frau sagt,
ich hätte eine Wampe.
Sie kritisiert,
am Bauch sei zu viel Fett.
Meine Frau sagt,
ich esse zu viel Pampe.
Jetzt geh ich hungrig
abends in das Bett.

Meine Frau sagt,
sie könne nicht verstehen,
warum die Waage
nicht herunter geht.
Meine Frau sagt,
man müsst' Erfolge sehen,
ein halbes Jahr schon
sei ich auf Diät.

Meine Frau weiß
ja nichts von jenen Tagen,
da ich schnöd' pfeife
auf das Leibgewicht
und voll mich stopfe
wie bei Festgelagen.
Die Frau weiß viel,
doch alles weiß sie nicht!

Mein Egon hat 'ne Glatze

Mein Egon hat am Kopfe
keine Haare mehr.
Der Egon ist ein super-
sanfter Brummibär.
Er hat von vorn bis hinten
eine Glatze,
is oben nackt, ganz ohne
Haarmatratze.

Mein Egon trägt den Ehrentitel
„Eierkopf".
Auch im Bett ist der Egon
nie ein Sauertopf.
Er hat es gern, wenn ich
ihn oben kratze,
weil es erotisch macht;
nicht jeder hat se.

Mein Egon ist bei Damen
immer gern gesehn.
Den Egon macht die blanke
Kopfhaut doppelt schön.
Doch geht der Egon fremd
und in die Irre,
gibt's auf die Rübe
mit dem Nachtgeschirre.

***

Hat sie ihn gerumpelt ieber

Vom Charme sprachlicher Unvollkommenheit

Geht in Lebben drunter, drieber:
Wazlaw war bei Anna Gast.
Hat sie ihn geredet ieber,
dass noch bleibt für Mittagsrast.

Hat sie ihn gerumpelt ieber,
weil auf Suche sie von Mann.
Wollt sie ihn so listen ieber.
Meint, dass sie gut kochen kann.

Doch hat sie dosiert wohl ieber.
Vielleicht Herd war auch zu heiß.
Es gesprudelt alles ieber,
angebrannt war Huhn mit Reis.

Hat gespielt er Lage ieber,
weil wollt sein nicht unheflich.
Wusst' nicht, ob wird lebben ieber,
weil Huhn schmeckte firchterlich.

Wird er Mahlzeit stehen ieber?
Hielt sich Wazlaw armes Leib.
Musste er sich gebben ieber.
Kriegt er Handtuch gleich von Weib.

Not war nicht zu sähen ieber.
Anna hielt ihm Kopf und Hand.
Hat sie ihn gezeugt noch ieber,
dass sie gut für Ehestand.

Altersstufen des Mannes

Ein Mann, der grade *zwanzig* ist,
hat Weiblichkeit im Sinn.
Ein Mann, der grade *dreißig* ist,
sucht im Beruf Gewinn.
Ein Mann, der grade *vierzig* ist,
beschäftigt sich mit Geld.
Ein Mann, der grade *fünfzig* ist,
sucht Würden in der Welt.
Ein Mann, der grade *sechzig* ist,
ändert den Lebensstil
und fragt, weil es ihm wichtig ist,
nach der Verdauung viel.
Dagegen fragt die Weiblichkeit
mit Stolz oder mit Graus
sich vor dem Spiegel allezeit:
„Wie seh ich heute aus?“

Nachtbekleidung

Die Nachtbekleidung offenbart
Geheimnisse intimster Art,
sonders, wenn’s geht um Frau und Mann
und bettspezielles Drum und Dran.
Auf’s Nachthemd lässt ein Mann sich ein,
liegt in der Bettstatt er allein.
Die Frau allein im Bettbezug
dagegen greift zum Schlafanzug.
Doch wie ist’s, schläft man nicht allein,
also als Mann und Frau zu zwein?
Dann hält der Mann, der lebensklug,
es nunmehr mit dem Schlafanzug.
Die Frau dagegen, dass nichts klemmt,
wählt sich als Bettgewand das Hemd.
So offenbart die Schlafstatt-Tracht
den Spannungsbogen in der Nacht.

Die Nacht ist nicht allein zum Schlafen da

Wie ein älteres Ehepaar
dem Liebesgott Amor huldigt

Theobald, siebzig alt,
fühlt erotisch sich nicht kalt.
„Evilein, werde mein!
Lass uns gleich zusammensein!"
Zu der Frau sprach er schlau:
„Will es wissen jetzt genau!"
„Huch, mein Bär, lang ist's her;
sollst mich haben, bitte sehr!
Warte ab, alter Knab,
nimm erst die Perücke ab."

„Ich, mein Schatz, such ein' Platz
für mein Glas mit Zahnersatz!
Pillenschluck Ruck und Zuck,
Mittel gegen Überdruck!
Musik an, Mozart dran,
dirigiert von Karajan.
Häng ans Bett Chemisett
lös du schnell das Leibkorsett.
Liegst du gut? Hab nur Mut!"
In den Adern rauscht das Blut.

„Halt! Am Bein, wie gemein,
stellt sich so ein Reißen ein."
„Kein Problem! Wird's bequem,
wenn ich noch ein Kissen nehm?"
„Oh, mein Greis, leg mit Fleiß
dich mal lieber löffelweis!"
„So scheint's gut absolut.
Nichts hindert die Liebesglut!
Au, ein Schmerz! Ist kein Scherz.
Etwas zwickt mich überm Sterz!"

„Ham wir gleich! Bist zu weich!
Liegestütz macht jetzt dein Scheich!"
„Ach herrje, weh oh weh,
Muskelkrampf fährt in den Zeh!"
„Geht vorbei! Zähl bis drei!
Das kommt von der Turnerei!
Habe Mut, wird schon gut!
In den Adern wallt das Blut!"
„Ja, wohlan, fang neu an!
Lass mich sein dein Don Juan!"

„Jetzt scheint's gut, wohlgemut,
doch ich frag', trotz der Glut! –
Hast vorm Haus, ei der Daus,
du gestellt den Müll nach drauß?" –
„Ja, oh Graus! Liebe Maus,
doch nun bleibt der Eros aus.
Alles ruht! Fort die Glut.
Ist mit Liebe nix mehr gut!"
„Wie's auch war, wir als Paar
warten bis zum nächsten Jahr!"

Die Sünde ist heut ausverkauft

Dort an der Bar sitzt eine Dame;
mit Bubikopf ist sie frisiert.
Amanda ist ihr werter Name,
und vorn ist sie tief dekolletiert.

Die Dame, was nicht zu bestreiten,
ist von zu Hause durchgebrannt.
Doch braucht sie Geld, sich zu bekleiden.
Sie bietet Sünde ambulant.

Die Dame schaut mit tiefen Blicken
nach Männern aus, die sie fixiert,
um diese und sich zu beglücken.
Ein Vamp, der weiß, wie man verführt.

Die Dame raucht die Zigarette
mit Spitze, was erotisiert.
„Ein Platz wär frei in meinem Bette."
Sie zeigt die Beine ungeniert.

Die Dame späht zu mir herüber
und winkt mit ihrem Wimpernspiel.
Ich zähl mein Bargeld immer wieder.
„Sei's drum, man gönnt sich sonst nicht viel."

Die Dame merkt was und wird munter.
Da kommt ein Dicker angeschnauft.
Sie geht mit ihm und hakt sich unter.
Die Sünde ist heut ausverkauft.

Stier und Ochs

Die Dame lockt am Straßeneck
mit halbbefreiter Brust
und ruft zu einem Herren keck:
„He, **Stier**, hast du nicht Lust?“
Doch der winkt ab und eilt vorbei
entlang des Häuserblocks.
Da hört er hinter sich den Schrei:
„Scher dich, du blöder **Ochs**!“

Charlotte und Schotte

Am Eck stand die Charlotte,
aufreizend die Klamotte.
Vorüber ging ein Schotte
und auch ein Hugenotte.
„Wie wär's?“ sprach die Kokotte.
„Ich spar mir die Marotte“,
rief schroff der Hugenotte.
„Ich will“, sagte der Schotte,
„doch nur umsonst, du Sprotte!“

Die Fußballbraut Isabelle

Ich bin die Mademoiselle
vom Mannschaftskapitän
und heiße Isabelle.
Auch bin ich blond und schön.
Mein Franz verdient Millionen,
doch weiß der Fußballheld
nicht, das ist zu betonen,
was tun mit so viel Geld.

Dann steh ich Rauschgoldengel
ihm bei mit Rat und Tat
und zeig dem süßen Bengel
die rechte Lebensart.
Bei Parties und Empfängen
sind wir im Aufgebot.
Ich setz auch auf sein Drängen
am Spieltisch schwarz und rot.

In dem Hotel die Suite
zahlt er allein für mich.
Wert bin ich ihm die Miete,
2000 unterm Strich.
Ich fahr die Sportkarosse,
mit der man prächtig prahlt.
Den Wagen, sonst für Bosse,
hat er für mich bezahlt.

Hat unglücklich verloren
mal wieder sein Verein,
heult er mir voll die Ohren
und ich spiel Mütterlein.
Hat man ihn arg geschunden
und fließt vom Bein das Blut,
leck ich ihm seine Wunden;
denn darin bin ich gut.

Ich lehre ihn die Liebe.
Er ist ja noch so jung.
Auch hüt' ich seine Triebe
vor ungebremstem Schwung.
Am Tage vor dem Spiele
spart man Erotik sich,
so dient man höh'rem Ziele.
Der Trainer baut auf mich.

Doch zählt's zu den Genüssen,
wenn ich bei Sekt zuhauf,
stell in zerwühlten Kissen
mit ihm die Mannschaft auf.
So bin ich unentbehrlich
und wichtig für den Sieg.
Ich bin mein Geld wert, ehrlich,
selbst, wenn ich bei ihm lieg.

***

Konku-Biene

Ich zähle nicht zum Volk der Bienen,
welche als Honigsammler dienen
und Seim aus Blütenkelchen saugen.
Das mag für Alltagsimmen taugen!
Zwar schätz man an mir auch Genüsse
mit wonniglicher Honigsüße,
doch sind es solche, die in Ehren
ich mag als Nebenfrau gewähren.
Ja, jetzt erhellt sich ihre Miene!
Ich hab ein „*Konku*" vor der „*biene*"!

Renate nach dem Bade

Die Renate
steigt vom Bade
aus dem Wasser mit der Wade.

Sie pflegt grade
mit Tomate
ihres Angesichts Fassade.

Die Renate
strebt zur Lade
blind dank jener Maskerade.

Doch, oh Gnade!
Im Spagate
rutscht sie aus auf ihrem Pfade.

Her vom Bade
schnurgerade
kracht sie gen die Ballustrade.

Macht malade
die Parade
mit dem Aufprall als Granate?

Doch Renate,
die sich grade
ausgerenkt des Kinnes Lade,

zischt nur: „Schade,
die Tomate
wollt ich essen zur Roulade."

Du sollst nicht immer „Lustmolch" zu mir sagen (Spaßlied)

Refrain: *Du sollst nicht immer „Lustmolch" zu mir sagen.*
Es ist mir peinlich, wenn das jemand hört,
weil sich dann Frauen um den Lustmolch schlagen.
Ein Lustmolch ist als solcher sehr begehrt.
Du sollst nicht immer „Lustmolch" zu mir sagen.
Das schafft nur Neugier und verdreht den Sinn,
und alle wollen' s mit dem Lustmolch wagen.
Nimm' s als Geheimnis, dass ich einer bin.

Du darfst mich gerne „Liebling" nennen,
auch „Wummi" oder „Schmusetier",
magst Dich in „Männlein" gar verrennen,
in „Rollmops" oder „Teddybär".
Du kannst mich „Schnucki-Putzi" heißen.
Doch warne ich Dich unbedingt:
Ein Wort lässt mein Gefühl vereisen,
weil mich das immer auf die Palme bringt.

Du darfst mich schon mal „Macho" nennen,
auch „Casanova" oder „Faun"
und als ein Weiberheld erkennen.
Ich bin nun mal ein Typ für Frau'n.
Du kannst mich „Schürzenjäger" schelten,
wenn dies die Lage so bedingt.
Doch ein Wort lass ich niemals gelten,
weil mich das immer auf die Palme bringt.

Du darfst mich sogar „Bulli" heißen,
auch „Hasi", „Wölfi", „Brummilein".
Du kannst mich auch als „Schweinchen" preisen,
das macht mir keine Seelenpein.
Du kannst auch zu mir „Jumbo" sagen,
doch meid ein Wort und hab Instinkt,
nur „Lustmolch" kann ich nicht vertragen,
weil mich das immer auf die Palme bringt.

Landsmannschaften

Durch den Reim-Wolf gedreht

Bayern	Bayern, die an Weihern feiern, suchen bleiern zu verschleiern, dass sie nach drei Eiern reihern.
Schwaben	Wenn Schwaben einem alten Knaben niemals zum Laben Gaben gaben, wittern sie doch, wenn er begraben, er könnt‘ ein Bankguthaben haben.
Hessen	Haben Hessen bei den Messen sich am Essen voll gefressen, fehlt es ihnen an Interessen für Adressen von Mätressen.
Franken	Franken auf des Bootes Flanken, welche wie die Kranken schwanken, die zuvor beim Zanken tranken, würden Gott ohn Schranken danken, wär'n sie auf den Karawanken.
Sachsen	Stets auf Achsen sind die Sachsen. Dies per Haxen oder Taxen, worüber die Laxen flachsen in den Prophilaxen-Praxen.
Friesen	Wo auf Wiesen Blumen schießen und die blauen Fliesen grüßen, kann man für zwei miese Riesen sich schon einen Friesen leasen.

Animal-Bar

Tierisch-menschlich

Wo der Stier am Klavier
auf die Tasten haut
und die Gans für den Tanz
nach dem Lustmolch schaut,

wo der Schneck in der Eck
seinen Rausch ausdöst
und die Maus mit Applaus
sich das Mieder löst,

wo der Elch aus dem Kelch
gut zwölf Obstler trinkt
und das Reh mit dem Zeh
nach dem Ober winkt,

wo der Hahn mit dem Schwan
sich im Tango wiegt
und die Kuh an das Gnu
sich erotisch schmiegt,

wo der Ochs auf der Box
einen Striptease macht
und der Frosch sich belacht
bis das Zwerchfell kracht,

wo die Sau sagt zum Pfau:
„Wie wär's denn, Monsieur?"
und der Pfau folgt der Sau
in das Separée.

Wo Pläsier lockt das Tier
zur Animal-Bar,
ist bei Nacht, wenn es kracht,
das Menschliche nah.

Ratzefatz oder **Wehe, wenn sie losgelassen**

Nonsensdichtung gegen Alkoholmissbrauch

Wenn der Spatz mit dem Ratz
einen Cognac trinkt
und der Watz mit der Katz
einen zweiten schlingt
und der Spatz für den Watz
eine Arie singt
und die Katz mit dem Ratz
dazu tanzt beschwingt,

wenn die Katz mit dem Watz
einen dritten trinkt
und der Ratz mit dem Spatz
schon den vierten schlingt
und der Ratz drauf der Katz
in die Arme sinkt
und der Watz auf dem Platz
einen Salto springt,

wenn der Spatz mit dem Ratz
einen fünften trinkt
und der Watz mit der Katz
mit dem sechsten winkt
und die Katz auf dem Platz
schnell den Spatz verschlingt
und der Watz gar den Ratz
mit k.o. bezwingt,

wenn die Katz mit dem Watz
schon den siebten trinkt
und der Watz mit Rabatz
drauf die Katz bespringt
und der Katz mit 'nem Satz
knapp die Flucht gelingt
und der Watz mit 'nem Schmatz
matt zu Boden sinkt.

Wenn der Watz und die Katz
alkoholbedingt
sich nebst Spatz mitsamt Ratz
in das Unglück bringt,
ist der Satz wohl am Platz,
dass zum Himmel stinkt,
wenn sich wer ratzefatz
bis zum Tod betrinkt.

Wenn im Betrieb
Die Schranzen tanzen,
sieht man bald die
Bilanzen franzen.

Dr. Deutschmann lebt global

Ein *Schweizer* Wecker darf ihn wecken.
Dann springt er aus den Seidendecken,
die, wie's dem Weltenmensch gebührt,
man hat aus *Indien* eingeführt.
Dann sieht man ihn nach kurzem Gehen
auf einem roten Teppich stehen.
Über die Muster huscht der Blick.
Höchst kostbar ist das *Perser*stück.

Dann tritt er wie an jedem Tage
beschwingt auf seine *Hongkong*-Waage,
holt gleich die Hausschuh aus dem Spint;
die sind aus *Argentinien*rind.
Dann sieht man ihn zum Bade hasten,
um nach der Seife dort zu tasten.
Dieselbe stammt aus erster Hand
von einem Shop in *Griechenland*.

Im ganzen Raum, was zu begrüßen,
sieht Fliesen man von *Portugiesen*.
Er greift zum Handtuch aus Flanell
von *Canada*, Wellness-Hotel.
Die Körperwaage, wie zu lesen,
kam als Import von den *Chinesen*;
Ein Griff zum Hemd, das blütenweiß;
aus *Frankreich* ist's, zum Luxuspreis!

Vom Anzug-look mitsamt dem Binder
sind *Italiener* die Erfinder.
Dann geht's zum Frühstück, wo seit je
er zuspricht echtem *Ceylon-Tee*.
Auf's Brot streicht er zum Morgenfutter
sich die gesunde *Dänenbutter*.
Dann langt er in der größten Ruh
sogleich beim *Holland-Käse* zu.

Die Marmelade kommt vom Süden;
von da, wo *Spaniens* Blüten blühten.
Dann trinkt er noch Orangensaft,
den man aus *Israel* beschafft.
Bald sieht man ihn dem Butler winken,
denn er begehrt nun eggs und Schinken.
Den James hat er jüngst mit Bedacht
aus *Groß-Britannien* mitgebracht.

Beim Essen läßt er sich nicht stören,
die Morgennachrichten zu hören.
Auf's Radio gab man ihm Rabatt;
japanisch ist das Fabrikat.
Dann steht er auf. Den Mantel holen
enteilt sein Hausmädchen aus *Polen.*
Zur Aktentasche greift er schnell,
ein *schwedisches* Design-Modell.

Er fährt bald los und glaubt hienieden
an seinen Platz und seinen Frieden.
Und Dr. Deutschmann preist die Welt
und wie Geld sie zusammenhält.
Dann kommt er an. Doch nicht zu fassen,
er hört, dass man ihn wird entlassen
und ein *Malaye* ihn ersetzt.
Das hat den Ärmsten tief verletzt.

***

„Ein Lärm ist das! Ich muss doch bitten!
Wie es dröhnt um den Erdenball
von Raumfliegern und Satelliten.
Das stört hier draußen sehr im All.
Teuflisch das Tackern und das Zischen.
Es nervt mich, bis ich irgendwann
hau kräftig und gezielt dazwischen.
Dann fangt noch mal von vorne an!"

Schwarz-rot-gold musst raus

Versgebundene Kurzreportage zur Fußball-WM 2006

Schwarz-rot-gold musst raus!
WM war zuhaus!
Vom Ausland Applaus!
Erst „Kleine“ nach Haus,
auch Holland, oh Graus!
Dann Ghana nach Haus,
Amerika raus,
Australien, oh Graus!
Brasilien nach Haus.
Argentinien raus.
Europa, Applaus!
Spielt unter sich aus.
Dann England nach Haus
und Portugal raus.
Für Deutschland kommt Aus.
Auch Frankreich, oh Graus!
Italia groß raus.
Weltmeister! Applaus!
Für Deutschland, oh Graus,
bald Party-Kehraus.
Schwarz-rot-gold musst raus.
Alltag oh Graus.
Grau bleibt die Maus!

Fußballer mit kleinen Fehlern

Der Emil vom FC-Verein
hat *links* ein viel zu kurzes Bein.
Von *rechts* schlägt er, wofür wir danken,
darum die allerschönsten Flanken.

Der Manni schießt zu unserm Glück
jedweden Elfer mit Geschick.
Das kommt daher: Er *schielt ein wenig.*
Drum ist er auch *Elfmeter-König.*

Politisches Bekenntnis

Ein Gedicht aus zweierlei Sicht
Senkrecht: aus Sicht der CDU
Waagerecht: aus Sicht der SPD

Ich schwör grundsätzlich ab	der CDU im Leben
den Sozis bis ins Grab	hab ich mich ganz ergeben
es ist doch längst bankrott	die christliche Moral
dem Bebel sein Gebot	ist besser allemal
der Sozi aus Passion	der sei gepriesen mir
für den kenn ich nur Hohn	der fromm sich gibt allhier
auch acht ich nimmermehr	das Wort von Wirtschaftsbossen
der Alt-Genossen Lehr	hab ich ins Herz geschlossen
versenkt sie nur im See	die Unions-Brüderschaft
die Tante SPD	lob ich aus voller Kraft.

***

Staatskunst

Gruß an Schröder

Ein Volk regieren, ist oft schwer;
doch ein Prinzip von altersher
gilt als Maxime solcher Kunst,
dass man buhlt um der Massen Gunst
und geht den Reichen an das Geld,
womit man die Balance hält.

Ein Staatsmann, der darauf nicht hört
und gar noch handelt umgekehrt,
dass er den Massen geht ans Geld
und Beifall von den Reichen zählt,
sieht alsbald, dass sein Tun missglückt
und man ihn in die Wüste schickt.

In der Falle drin

Es dauert,
bis man erst begreift,
dass der Mensch ein Raubtier ist.
Es dauert, bis man erst begreift,
dass Großtier immer Kleintier frisst.

Es dauert,
bis man erst begreift,
dass Herrschende vor Machtgier blind.
Es dauert, bis man erst begreift,
dass Vorstandsherren Schwindler sind.

Es dauert,
bis man erst begreift,
dass uns der Richter selbst betrügt.
Es dauert, bis man erst begreift,
dass uns auch der Prophet belügt.

Es dauert,
bis man erst begreift,
wie man getäuscht wird schwarz auf weiß,
es dauert, bis man erst begreift,
dass als des Daseins steten Preis

man ausnimmt uns
und schröpft und seift
für Macht und Quoten und Gewinn.
Es dauert, bis man erst begreift:
Wir sitzen in der Falle drin!

Reform der Reform

Dass auf die Reform
folgt gleich die Reform
zur Reform der Reform,
scheint heute die Norm.

Wenn auf die Reform
folgt gleich die Reform
zur Reform der Reform
scheint mir das abnorm,

denn eine Reform,
die folgt der Reform
zur Reform der Reform
wirkt wie Chloroform.

Auch zeigt die Reform
zur Reform der Reform,
dass man oben enorm
ist nicht gut in Form.

Hymne auf den kleinen Mann

Der kleine Mann hat's immer auszubaden,
gleich wer da oben wieder mal regiert.
Wenn großen Tieren etwas ist missraten,
ist er es stets, bei dem man abkassiert.

Der kleine Mann zahlt fleißig in die Kassen
für Rente, Krankheit, Arbeitslosigkeit.
Doch wird er siech oder vom Job entlassen,
setzt neue Schrauben an die Obrigkeit.

Der kleine Mann muss all die Lasten tragen,
die ihm für tausend Zwecke auferlegt.
Und zahlt er nicht, geht es ihm an den Kragen.
So bleibt es, bis die letzte Stunde schlägt.

Der kleine Mann sieht wie die Großen prassen,
in Glas- und Prunkpalästen hausen ungeniert.
Und er beginnt, sie Schritt um Schritt zu hassen,
weil er zum Zorn die eigne Ohnmacht spürt.

Dem kleinen Mann wird's Dasein strapaziöser.
Auf ihn fiel nicht des Lebens großes Los.
Der Druck auf ihn wird täglich ein Stück größer.
Noch, ja, noch ist er im Ertragen groß.

***

Made in Germany (Limerick)

Es hieß ein Wurm mit Perfidie
die Made ein erbärmlich Vieh.
Die schrie behend:
„Man mich verkennt!
Ich bin die 'Made in Germany'!"

Diesmal, Kinder, wird's was geben

Satirisches Weihnachtsgedicht

Diesmal, Kinder wird's was geben.
Überraschung ist enorm.
Weihnachtsmann, hast viel gegeben;
und das Motto heißt „Reform“.

Sparpaket für die Patienten.
Fauler Zahn und Hüftenbein
sind doch nur Fisimatenten.
Renkt sich alles wieder ein.

Sparpaket für Arbeitslose.
Abgeschröpft im Handumdrehn.
Arbeitsmarkt zeigt tote Hose.
Man kann auch auf Zahnfleisch geh'n.

Sparpaket für die Senioren;
demografische Gewalt.
Rente bleibt drum eingefroren.
Warum werdet Ihr so alt?

Sparpaket für Pflegefälle.
Haus und Hof kurz abkassiert.
Ist doch alles Bagatelle.
Sind doch ohnehin verwirrt.

Scherzpakete bringt die Steuer.
Was man links hinein gepackt,
wird, drum ist sie lieb und teuer,
rechts gleich wieder eingesackt.

Diesmal, Kinder, wird's was geben.
Jeder jauchze wie er kann.
Hast Reformen viel gegeben.
Tausend Dank, oh Weihnachtsmann!

Staatsaffairen

Philippika an die Politik

Ihr schwört, des Volkes Wohl zu mehren,
doch täglich treibt im Pekuniären
Ihr quer durchs Land die Schreckschimären,
die uns die Knappheit sollen lehren.

Ihr schwört, des Volkes Wohl zu mehren,
doch beugt Ihr Euch vor Aktionären
und vor der Großwirtschaft Altären.
Den kleinen Mann nur mögt Ihr scheren.

Ihr schwört, des Volkes Wohl zu mehren.
Doch lasst die Bosse Ihr gewähren,
die Tausenden nassforsch erklären,
dass man sie künftig will entbehren.

Ihr schwört, des Volkes Wohl zu mehren
und säumt, vor eigner Tür zu kehren.
Doch streicht Ihr, wovon Massen zehren,
bis zum Desaster, Euer Ehren!

Ihr schwört, des Volkes Wohl zu mehren.
Geleitet von Interessensphären
folgt blindlings Ihr den falschen Lehren.
Schlecht steht's drum um die Staatsaffairen.

***

Man steht als ein Politiker …

Politisches Spaßlied

Refrain:
Ich bin nicht frauenfeindlich
und auch nicht männerfeindlich.
Ich bin nicht kinderfeindlich
und auch nicht rentnerfeindlich.
Ich bin nicht fußballfeindlich
und nicht familienfeindlich.
Nein, ganz im Gegenteil, ich bin zu allen freundlich.

Ich bin nicht autofeindlich
und auch nicht aktienfeindlich.
Ich bin nicht hundefeindlich
und auch nicht blumenfeindlich.
Ich bin nicht modefeindlich
und nicht theaterfeindlich.
Nein, ganz im Gegenteil, ich bin zu allen freundlich.

Man steht als ein Politiker
oft im Visier der Kritiker.
Es heißt, dass er das Volk verrät
und manche krummen Dinger dreht.
Dann zeig ich als Pragmatiker
mich als ein Charismatiker
und ruf, sei's auch vor einer Wahl,
hört zu, ihr Leute, hier im Saal:

Man hört als ein Politiker
all überall nur Kritiker.
Es heißt, man schröpft den kleinen Mann,
wo man auch immer schröpfen kann.
Dann sag ich als Ästetiker
und als Polit-Kosmetiker:
Hört zu, Ihr Wähler, glaubt das nicht!
Das ist doch nur ein bös Gerücht.

Von Menschen und Affen

Nonsens-Theorie über den Ursprung der Menschheit

Der Herrgott schuf beim Welterschaffen
sowohl die Menschen wie die Affen.
Man fragt, weil Wissenslücken klaffen:
„Gab es die Menschen vor den Affen?“

Wäre der Mensch danach erschaffen,
könnte es sein, er stammt vom Affen.
Wie's immer sei, Menschen wie Affen,
neigen dazu, sich zu begaffen

und gegenseitig anzublaffen,
wenn sie nach Macht und Nahrung raffen.
Beidseits gibt's Maul- und Klammeraffen
und auch die Brüll- und Kletteraffen.

Wie ähnlich sind sich doch die Waffen!
Es trennt nicht viel den Mensch vom Affen!
„Gleiches Design!“ sagen die Laffen.
„Da sei Gott vor!“ kontern die Pfaffen.

Wenn wir hätten...

Wenn wir reiche Eltern hätten,
welche Geld in Massen hätten
und dazu viel Aktien hätten
und viel Immobilien hätten,
hätten wir, drauf möcht ich wetten,
mit viel Gold in den Toiletten
ein Appartement in Manhattan.

Sieben Auserwählte

Ketzerische Gedanken zu TV-Polit-Talks

Sieben Auserwählte streiten
zu den besten Fernsehzeiten,
wie der Staat den armen Mann
noch viel ärmer machen kann.
Nehmt denselben tüchtig ran!

Sieben Gutversorgte zanken
und lassen Gedanken ranken,
wie man Alten kurzerhand
geht ans Geld vom Ruhestand.
Soll ein Ruck gehen durch das Land!

Sieben Hochbezahlte wollen
selber schöpfend aus dem Vollen,
Mehrarbeit nebst Lohnverzicht;
dies sei vaterländ'sche Pflicht.
Wer's nicht tut, ist Bösewicht.

Sieben Unkündbare meinen –
und sind mit sich selbst im reinen –
Kündigung braucht keinen Schutz.
Vorstandsboss, hau auf den Putz.
Bringt der Aktie höchsten Nutz.

Sieben Gnadenlose wissen
viel über Verzichtenmüssen.
Doch fragt man nach eigner Tat,
wendet plötzlich sich das Blatt:
„Neiddebatte“ sagt man glatt.
Wie heißt's doch? Wer hat, der hat!

Jugendlicher Träumer

Willkommen Frühjahrsmüdigkeit,
wie lässt sich's herrlich träumen!
Oh sel'ge Sommerlethargie,
will schwärmen unter Bäumen!
Salute, Herbstmelancholie,
Zeit ist es zu sinnieren.
Sei mir gegrüßt, du Winterschlaf!
Will mich an dich verlieren.
Mag sich die ach so schnöde Welt
getrost zum Teufel scheren.
Hauptsache, Vater schickt mir Geld,
dass man sich kann ernähren.

Wie wonderful ist unsre Sprache - *Song*

Die Sprache ist ein wertvoll Gut,
das wir ererbt von unsern Vätern.
Doch lässt das Volk mit kaltem Blut
sich mehr und mehr von *Denglish* ködern.
Die Kraftanstrengung heißt nun *Stress*
und das Geschäft wird, dass ich lache,
ob klein, ob groß, zum *Business*.
Wie *wonderful* ist unsre Sprache!

Der Vorstand stellt das *management*.
Consulter kommt, wenn's schief gelaufen.
Mit *banking* liegt man voll im Trend
und *ranking* gibt's sogar beim Saufen.
Die Werbung zählt zum *marketing*.
Crash sagt man zu dem Firmenkrache,
wenn das *controlling* baden ging.
Wie *wonderful* ist unsre Sprache!

Den Sportanhänger heißt man *fan*
und *hoolygans* sind Fans als Masse.
Beim *match* geht's manchmal *catch-as-can*
und *ticketing* gibt's an der Kasse.
die Meisterschaft man *masters* nennt.
Im *briefing* kommt der *coach* zur Sache.
Streit gibt es, wenn der *keeper* pennt.
Wie *wonderful* ist unsre Sprache!

Ein *winner* ist, wer stets gewinnt.
Verlierer nennt man heute *looser*.
Zur *hardware*, das weiß jedes Kind,
gehört die *software* für den *user*.
Die *homepage* dient als Firmenschild;
das ist – so sagt man – *image*-Sache.
Feedback spiegelt das Meinungsbild.
Wie *wonderful* ist unsre Sprache!

Und *lipstick* heißt der Lippenstift,
der bringt den Teens ein *cooles feeling*.
Und wenn das *girl* den *boyfriend* trifft,
spricht man modern von *date* und *meeting*.
Die *single* von dem *musicstar*
wird *hit* mit ihrem *sound*-Gekrache.
Hot dogs gibt's an der *fast-food*-Bar.
Wie *wonderful* ist unsre Sprache!

Was groß ist, man gern *super* tauft.
Auch kennt man *big* für *Mac* und *brother*.
Ein *weight watcher* beim Essen schnauft
und trinkt zum *dinner table*-Wasser.
Wer *trendy* ist, der macht sich fein
mit *fashion* vom Boutiquen-Fache,
wählt *shirts* und *shorts* nur nach *design*.
Wie *wonderful* ist unsre Sprache!

Das Kunstereignis heißt *event*.
Den Künstler nennt man *entertainer*.
Award heißt Preis, den zuerkennt
die *jury* stets dem Quotenrenner.
Ein *happening* mit *open air*
vollzieht sich unterm Himmelsdache.
Die Stimmung nennt man heute *flair*.
Wie *wonderful* ist unsre Sprache!

So mancher spricht von *wellness*-Kur,
der seinen *body* möchte heilen.
Und *aftershave* folgt der Rasur.
Frisieren nennt die Frau nun *stylen*.
Bringt *lotion*, *spray* und *shower-gel*
nichts mehr für's *make up* in der Sache,
hilft *facelifting* um Mund und Kehl!
Wie *wonderful* ist unsre Sprache!

Gefällt ein Mädchen sehr dem Herrn,
wird er sie jetzt als *beauty* preisen.
Und *lover* nennt sie einen gern,
der sich als Betthas konnt' beweisen.
Sich stark zu seh'n als *power*frau,
ist für die Dame Ehrensache.
Und *striptease* heißt die Fleischbeschau.
Wie *wonderful* ist unsre Sprache!

So pflegt Germaniens Volk enthemmt
den *Denglish-Kult* in diesen Tagen
und geht tagtäglich sprachlich fremd.
Hört wie die Dichterfürsten klagen!
Ob *hotline* oder *coffee-shop*;
die schöne Sprache unsrer Ahnen
geht *step by step* mit *ex and hop*
dahin, ihr armen *Schrumpfgermanen.*

Schlaflied für ein dickes Kind

Schwarzhumoriges Wiegenlied

Schlaf ein, mein Kind, schlaf ein
mit deinem Dickbäuchlein.
Die Pommes hast du reingehau'n,
drei Tüten voll sah man dich kau'n.
Schlaf ein, mein Kind, schlaf ein.

Schlaf ein, mein Kind, schlaf ein,
du feistes Pausbäcklein.
Der Pudding hat dir gut geschmeckt.
Du hast fünf Schüsseln ausgeschleckt.
Schlaf ein, mein Kind, schlaf ein.

Schlaf ein, mein Kind, schlaf ein,
du üppig's Rollmöpslein.
Hast an Spaghetti dich erquickt
und der Portionen vier verdrückt.
Schlaf ein, mein Kind, schlaf ein.

Schlaf ein, mein Kind, schlaf ein,
du gut zwei Zentnerlein,
bet' brav, dass dir in dieser Nacht
das Bettlein nicht zusammenkracht.
Schlaf ein, mein Kind, schlaf ein.

***

Liebeserklärung des Kannibalen

Liebling, hab dich zum Fressen gern
mit Haut und Haar und Knochenkern.
Ich mag dich mehr als Torte
und mach nicht lange Worte!
Ich lieb dich kannibalisch;
und herrlich animalisch.
Nur eines muss die Laune trüben:
Ich kann dich *so* nur einmal lieben.

Wie sich die Eheleute Schmecklinski im Gourmet-Restaurant zu helfen wussten

Gedichtet nach der Original-Speisekarte in einem Mainzer Restaurant

Casimir: „Du, Anna, fühl Dich eingeladen
hier in das Nobelrestaurant
zu Speis und Weinen, delikaten,
mit erstem, zweitem, drittem Gang.
„Herr Ober, was kann er empfehlen
als ein Menue zum Abendtisch?
Edles für Mägen und auch Seelen -
Und auch fürs Auge letztendlich.“

Ober: „Sehr wohl, mein Herr und auch die Dame!
Die Tageskarte reich ich gern.
Sie sehen bei der Einsichtnahme,
dass unser Haus hat manchen Stern.
Wie wär zur Einstimmung ein Porte?
Aperitif bringt frohen Sinn.
Am besten von der Jahrgangssorte:
schön dunkelrot und nicht zu dünn.“

Annarose: „Und welch Menue soll man genießen?
Du, Casimir, sitzt ratlos stumm.
Es ist nicht leicht, sich zu entschließen
aus dieser Fülle. Das ist dumm.“

Ober: „Menue de Chef. Die Tafelente
verwöhnt den Gaumen vorzüglich;
und Sauce Orange als Komponente,
ein Zungenschmaus hochherrschaftlich.
Zum Nachtisch Mousse aus frischen Beeren
mit reichlich Sahne überdeckt.
Dazu Rosé-Wein, Euer Ehren!
Ein Narr, der nicht die Zunge leckt!“

Casimir: „Oh, Sauce Orange und Mousse aus Beeren!“

Annarose: „Das klingt so fremd. Was soll das sein?
Das kennt man nicht einmal vom Hören.
Und dann die Vogelgrippe! Nein!“

Ober: „Und Picatta vom Jungschweinrücken?
Mit Nudelzutat, ein Genuss!
Muss jeden Feinschmecker entzücken;
und noch Tomatencreme als Guss.
Und Parmesan, leicht angebraten.
Dazu ein Weinchen zum Prosit.
Zu dem Kredenzen angeraten
wird ein Burgunder exquisit!“

Casimir: „Schmecklinski hört die Glocken läuten!”

Annarose: „Nein, Schweinefleisch gibt mir den Rest.
Ich mag gewisslich nichts missdeuten,
doch denkt man gleich an deren Pest!“

Ober: „Zu Angusfilet könnt ich raten,
ein Stück vom Argentinienrind,
in edler Sauce fein gebraten,
wodurch es an Geschmack gewinnt;
Dazu geben wir Goldkroketten,
die wir zuvor in einem Sud
aus heißer Markenbutter betten.
Dazu bekommt Silvaner gut!“

Casimir: „Das hört sich fein an, Annarose!“

Annarose: „Mich schreckt das Rindvieh, sei nicht bös.
Der Wahn und auch Tuberkulose
von solchem Tier, das macht nervös.“

Ober: „Wie wär's mit Vegetarier-Platte,
eine Art Mix aus Marktgemüse.
Danach auf einem Weinrebblatte
Melonenstücke, zuckersüße.
Dazu ein milder Rieslingtropfen,
der einem Weinliebhaber frommt.
Lässt dies das Herz nicht höher klopfen?
Ein Vorschlag ist's, der wohl bekommt!"

Casimir: „Zeit ist's, sich endlich zu entscheiden!"

Annarose: „Melonen? Da droht Allergie.
Oh, Casimir, die muss ich meiden!.
Wie wär' s mit Pommes irgendwie?"

Ober: „Ketchup gewiss zu diesem Mahle?
(indigniert) Und das Menue gar auf die Schnelle?
Dazu ein Aqua minerale?
Sehr wohl, ich eile auf der Stelle!"

(Nach drei Minuten)

Casimir: „Wie, Ober, grade erst entschwunden
und schon zurück? Mit Trank und Schmaus!"

Ober: „Möge die Speise Ihnen munden! - -
Ich holte sie vom Imbiss drauß!"

Morgentoilette mit Selbstkritik

Vorbei die Nacht.
Der Tag erwacht.
Der Spiegel blinkt.
Die Falte winkt.
Das Stirnhaar strähnt.
Das Auge tränt.
Die Stimme röhrt.
Die Lefze stört.
Das Ohr hängt schlapp.
Der Bart muss ab.
Die Schulter sackt.
Der Wirbel knackt.
Die Nase rotzt.
Die Lippe kotzt.
Es ist halb acht!
Der Morgen lacht.

***

Rheinland-Pfalz

Heitere Ode

Wo man bei Brot und Schmalz
trinkt Wein im Fall des Falls,
wo man schätzt auf der Walz
den kühlen Grund des Walds
und Kirch und Burg gleichfalls
und als der Landschaft Salz
manch Flusstal ebenfalls,
wo man besingt lauthals
Festbräuche, Kunst und Balz,
wo ein Jet schlimmstenfalls
erfreut durch Überschalls,
wo man ruft: „Gott erhalt's"
bist du in Rheinland-Pfalz.

Des Lebens Herbstzeit

Es ist gewiss nicht immer leicht,
mit Anstand alt zu werden.
Hat man des Lebens Herbst erreicht,
wächst, was man nennt Beschwerden.
Es prangt das Haupt im Silberschmuck.
Die Falten sprechen Bände.
Man gibt sich oftmals einen Ruck
und blickt auf Schwielenhände.

Mal macht der Kreislauf einen Sprung,
mal kracht ein Zahn beim Kauen,
mal fehlt uns die Erinnerung,
mal kann man schlecht verdauen.
Manch einer trägt viel Kummerspeck
aus all den langen Jahren.
Auch kann so manchen Narbenfleck
die Seele offenbaren.

Doch findet man bisweilen Freud
bei Kind und Kindeskindern.
Auch kann schon mal Geselligkeit
des Alters Mühen lindern.
Man schreitet weiter Schritt für Schritt
und muss schon öfter schnaufen.
Nicht jedes Tempo geht man mit.
Lass doch die andern laufen!

Nicht besser wird der Augen Licht.
Es geht nicht ohne Brille.
Doch lass Dich unterkriegen nicht.
Eisern bleibt noch der Wille.
„Der Globus dreht sich weiter rund
auf seiner steten Reise.
Die Hauptsache, du bleibst gesund",
denkt man und lächelt weise.

Des Menschen letzte Würde

Eine etwas längere Grabinschrift

Schlage die Trommel und fürchte
Dich nicht (Heinrich Heine)

Hier ruht einer in Ton und Lehm,
welcher sein Schicksal ehedem
in eigner Würde selbstbestimmt.
Doch als der letzte Funke glimmt',
hat man, bis sich kein Muskel regt,
an ihn Maschinen angelegt.

Er starb in einem Hospital,
entmündigt, in elender Qual,
an Schläuchen als todkranker Gast,
sich selbst und anderen zur Last
und neidete bis hin zum Schluss
jeglichem Tier den Gnadenschuss.

Und keiner hat, Gott sei' s geklagt,
ihn selber je darum gefragt.
Und dabei wäre es so leicht,
wenn einer sagt: „Mein Gott, es reicht!"
So litt er unverdientes Leid
dank den Gesetzen dieser Zeit.

***

Grabspruch

Der hier liegt, weiß wie's weitergeht.
Doch der nicht, der vorm Grabe steht.

„Oh ja, ein neues Teleskop,
das in das All späht ferner noch.
Ob's Überraschung gab? Und ob!
Schau nur das Bild! Es gibt Ihn doch!"

Über den Tag hinaus

Für den Fall der ew'gen Ruh
sei mein Wille hier umrissen:
Gebt mir in den Sarg dazu,
was ich könnte sonst vermissen.
Gebt die Brille mir dazu
oben auf das Ruhekissen.
Gebt die Bibel mir dazu,
die ist gut für das Gewissen.
Gebt das Scheckbuch mir dazu,
will sein niemals aufgeschmissen.
Gebt die Pillen mir dazu,
hab sie stets geschluckt beflissen.
Gebt das Handy mir dazu,
denn man kann ja doch nie wissen.

***

Fürchtet euch nicht

Die Weltangst wird größer,
wer spürt das nicht.
Der Kosmos poröser,
wer sorgt sich nicht.
Der Staat schikanöser,
wer stöhnt da nicht.
Und Gott mysteriöser.
Fürchtet euch nicht!

„Sein oder Nichtsein?“

Sein oder Nichtsein?
Alle Tage
wünsch ich zum Teufel
diese Frage.

Zwar läg es nah,
- um’s mal zu sagen -
ein **Sein im Nichtsein**
zu erfragen.

Oder wie man
in diesen Tagen
im **Sein das Nichtsein**
kann ertragen.

Doch stellt das **Nichtsein**
man in Frage,
wird bald das **Sein**
zur Erdensplage.

„Sein oder Nichtsein?“
Auf **die** Frage
gibt’s Antwort erst
am letzten Tage.

***

Entschuldigung Ihr Kritikaster

Es tut mir ja so schrecklich Leid

Entschuldigung, ihr Lästerzungen,
dass manch Gedicht mir doch gelungen.
Obwohl ihr oftmals habt beflissen
darüber Euch das Maul zerrissen.

Entschuldigung, auch Ihr Gesellen
und scheinbar Intellektuellen,
dass ich den Menschen schrieb zu Ohren
und niemals für die Professoren.

Entschuldigung, Ihr Ränkeschmieder,
dass Ihr im Vers erkennt Euch wieder
und dass in meinem Unvollkommen
Frivoles in den Reim gekommen.

Entschuldigung, Ihr Moralisten,
welche das Gute, Wahre missten.
Könnt brav in Eselsmilch ertrinken.
Mich kotzen Schmalz- und Edelschinken.

Entschuldigung! Mögt ihr auch schießen
und Kübel über mich ergießen,
ich will, mag' s auch nicht jedem passen,
von meiner Reimerwut nicht lassen.

***

Es war dereinst im Paradies,
das man ob seines Friedens pries,
als Hirsch und Bär im Garten Eden
dem Herrn über die Schulter spähten
und sah'n, wie der im Morgenschein
gab Adam seinen Odem ein.
Traurig sprach da der Hirsch zum Bär:
„Ich hörte kürzlich eine Mär,
dass dieser Wicht, es lässt mich frieren,
soll eines Tags die Welt regieren!"
Da sprach der Bär leis zu dem Hirsch
und wirkte dabei nicht sehr wirsch:
„Die schönen Zeiten sind vorüber,
ab jetzt geht es bergab, mein Lieber.
Bald werden es Milliarden sein.
Ein Unglück kommt selten allein."

Zur Person des Autors:

Der humoristisch-satirische Versdichter
Fritz Hans Rückel
ist verheiratet und Vater von drei Kindern.

Der mit Mainzer Rheinwasser getaufte Verfasser zahlreicher Humorbücher war lange Jahre in der hessischen Landeshauptstadt Wiesbaden als Ghostwriter und Pressesprecher tätig, bevor er sich das anmutige Westerwaldstädtchen Dierdorf als Altersruhesitz aussuchte. Seit gut zwei Jahrzehnten widmet er sich der heiteren Versdichtung. Bestätigung findet er vor allem bei seinen zahlreichen Autorenlesungen, in denen es stets spannend und fröhlich zugeht.

Ergebnis seiner satirischen Versdichtung sind u.a. die Humorbücher **„Anflug des Spottvogels"**, **„Ein Krokodil kennt keine Tränen"**, **„Heiterer Adam und fröhliche Eva"** sowie
„Herr Kommissar, der Fall ist klar".

Seine besondere Verbundenheit zur Rhein-Mosellandschaft findet in den beiden Büchern **„Ritterschlag und Minnelied"** sowie **„Von des Weines himmlischer Zauberkraft"** ihren Ausdruck.
Im ersten Buch spürt er den alten Sagen um die heimischen Burgen nach und gießt sie in launige Balladen, die die mittelalterlichen Zeiten wieder lebendig werden lassen. In dem anderen Titel besingt er in Kurzgedichten, Trinksprüchen und Verserzählungen das funkelnde Weingetränk, die romantischen Weindörfer sowie anmutige Weinköniginnen und trinkfreudige Genießer, wie zuvor kein anderer Poet.

Gewürdigt wurde die literarische Arbeit des Versdichters u.a. mit einem 3. Platz beim bundesweiten
Wilhelm-Busch-Wettbewerb 1998 sowie einem 1. Platz bei den **„Literaturtagen Rheinland-Pfalz 1999“.**

Im Publikum locken seine frischen, auch frechen, oft hintersinnigen Texte, die er mit pointensicherer Spottlust vorträgt, immer wieder spontane Heiterkeit hervor.

Rückel ist Mitglied im Steinbach-Ensemble Baden-Baden, im Kulturforum Westerwald sowie im Literaturkreis „Eulenturm“.

Freundliches Gazettensäuseln und anderes Lob

„Fritz Hans Rückel unterhielt die Zuhörer – auch rhetorisch voll auf der Höhe – mit Komik zu Wein, Weib und den menschlichen Unzulänglichkeiten, denen man mit großem Vergnügen lauscht."
(Rhein-Zeitung Boppard)

„Die Familienstory der Nibelungen übertrug er in die heutige Zeit der Medien- und Glitzerwelt. Satirisch-humoristisch lässt er die Nibelungen als Wirtschaftsmafia wieder aufleben."
(Wormser Zeitung 1999)

„Eine Art rheinischen Frohsinn verteilt Fritz Hans Rückel. Kalauerisch geht es zu. Aber auch hier fehlt dem Scherz nicht Satire, Ironie und tiefere Bedeutung."
(Rheinpfalz Kaiserslautern)

„Schmunzelnd kann sich jeder Zuhörer oder Leser in Rückels Reimen wiederfinden. Sie erzählen spöttisch, aber liebevoll aus dem prallen Menschenleben."
(Rhein-Zeitung, Cochem)

„Seine von Spott und Ironie gezeichnete Dichtkunst entlockt den Zuhörern immer wieder tiefsinniges Schmunzeln." *(Badener Zeitung)*

„Wort-Jonglage der feinsten Art bot der Versdichter Fritz Hans Rückel, der mit Nonsensdichtung und Satzakrobatik begeisterte.
(Rhein-Zeitung, Westerwald – Sieg)

„... So brillierte er denn mit einem Feuerwerk des Humors. Launige Anekdoten wechselten mit beißendem Spott; augenzwinkernde Ironie wurde abgelöst von Gesellschaftskritik. Heitere Wortspiele folgten grotesken Erzählungen.“
(Rhein-Zeitung, Koblenz)

„Fritz Hans Rückel vereint in sich vielerlei Begabungen, die sich in Humor und Tiefsinn vereinen. Aus einem reichen Schatz seines Herzens schöpfend und den Menschen zugewandt, ist er eine Stimme, die immer mehr Gehör findet.“
(Baldur Seifert, SWR 4-Moderator, Baden-Baden)

„...Wie Sie die Situation, die Gefühle, die Blicke, den Schmerz über den Verlust der Geliebten und ihren Verrat, dieses ganze unglaublich komplexe Drama mit poetischem Witz erden, sparsam und trocken, hat in manchen Passagen Hein'sche Qualität.“
(Matussek, SPIEGEL-Redakteur)

„Es hat mir große Freude bereitet, Ihr Werk zu lesen. Sie haben gezeigt, wie sich literarisches Talent und eine bewunderungswerte Schalkhaftigkeit in Ihnen vereint...“
(Ministerpräsident Rheinland-Pfalz, Kurt Beck)

Veröffentlichungen von Fritz Hans Rückel

Erschienen im Verlag:

FHR-Eulenturm,
Hanallee 19
56269 Dierdorf
Tel.: +49 (0)2689 - 7107

u. a.:

Heiterer Adam und fröhliche Eva – der fidele Geschlechterkampf
Launige Versgeschichten ...
79 Seiten, Hardcover
ISBN 987-3-00-012596-6
12,90 €

Ein Krokodil kennt keine Tränen
Humoristisch-satirische Kreuzfahrt gegen den Zeitgeist.
150 Seiten, Hardcover;
ISBN: 978-3-00-008467-6;
15,00 €

Von des Weines himmlischer Zauberkraft
Heitere Geschichten, Gedichte und Sprüche
rund um das edelste Getränk.
130 Seiten, Hardcover
ISBN: 987-3-00-010922-5;
14,50 €

„Aus heiterem Himmel"
ist die erste Veröffentlichung bei edition Wort.
Weitere Informationen unter: www.edition-wort.de